AF366988

EL ESTOICISMO

El estoicismo es una doctrina filosófica que gozó de gran importancia durante la época grecorromana. Se considera que Zenón de Citio (336 a.C - 264 a.C.) fue el fundador de la escuela filosófica del estoicismo. A pesar de tener algunas similitudes con el cinismo, se diferencia de este en varios aspectos: promueve la acción frente a la simple crítica del cinismo; no desprecia el mundo, la política ni la sociedad; no minusvalora la lógica ni la física; etc.

Una de las características del estoicismo es que se podía enseñar a personas de cualquier clase social, incluidos los esclavos. Esto permitió la expansión de sus seguidores desde el punto de vista numérico y geográfico. Incluso algunos maestros estoicos defendieron que también debían aprenderlo las mujeres (como Musonio Rufo y el propio Epicteto).

Se suelen distinguir tres fases del estoicismo: el antiguo (siglos III y II a.C); el medio (siglos II y I a.C.); el nuevo o romano (siglos I y III d.C.).

Es imposible resumir el estoicismo en unas breves líneas, pero podemos destacar como los principales puntos de esta escuela filosófica los siguientes:

- La razón del hombre forma parte del logos universal (que es una razón inmortal y divina). Esto supone que todos los hombres son "hermanos" en cuanto participan del logos universal. Esto lleva a considerar al hombre como ciudadano del mundo (cosmopolitismo).

- La Lógica incluye la epistemología. Ésta parte de que el hombre carece de conocimiento previo y conforme acumula experiencias, adquiere el conocimiento de la realidad. Pero frente al relativismo, opina que hay impresiones comunes a todos los hombres que permiten conocer la Verdad a través del consenso. Mediante el conocimiento de la Verdad, se puede llegar a la Virtud. Se opone, por tanto, al relativismo o al concepto de las ideas de Platón.

- La Física estoica se fundamenta en que la Naturaleza es armoniosa y se rige por un Logos cósmico llamado *Pneuma*. Este Logos es racional y controla la materia. El azar no existe, sino que todo se rige por un principio de causalidad, sin perjuicio de que, en muchas ocasiones, éste sea desconocido por los hombres.

- Existe un Logos cósmico que puede identificarse con Dios. Algunos estoicos, como Séneca, le atribuyen a Dios el carácter de persona, con especial providencia con los hombres virtuosos.

- Existe el alma. En los seres humanos, es un alma racional. Los animales también tienen alma, que es sensible, pero no racional. Las plantas también tienen un alma que dirige su crecimiento. Los átomos también tienen un alma que rige su movimiento.

- La moral estoica parte del determinismo establecido por parte del Logos universal. Por tanto, el hombre únicamente será "libre" si acepta su destino, admitiendo y soportando todo lo que no está bajo su control. En la razón está la guía del filósofo que le permitirá llegar a la Virtud. En el camino se encontrará pasiones, dolor y temores que deben ignorarse y mantenerse aparte gracias al autocontrol, mediante la impasiblidad (*apátheia*).

De todas formas el determinismo es atenuado por el compatibilismo[1].

Los filósofos ponían como modelo a Sócrates, ejemplo de virtud puesta de manifiesto, sobre todo, a la hora de su muerte[2].

Entre los filósofos estoicos más conocidos podemos destacar a los siguientes:

- Zenón (fundador de la escuela estoica).

- Aristón de Quíos (siglos IV - III a.C). Era coetáneo de Zenón. Su escuela pensaba que la Física (y por tanto Dios) eran incomprensibles para el hombre, prescindía de la Física y ponía énfasis en la Ética. Su escuela no fue seguida por los estoicos, que siguieron la doctrina de Zenón.

- Cleantes de Aso (siglos IV - III a.C.). Puso especial énfasis en el rechazo del placer como contrario de la Virtud.

- Crisipo de Solos (sglo III a.C.). Fue discípulo de Cleantes y considerado por muchos como el fundador de la gramática como una disciplina propia en la Grecia clásica.

---

1 La problemática del determinismo, el indeterminismo y el compatibilismo es muy compleja y excede la intención más "práctica" de este libro, por lo que no nos extendemos en ella.
2 En el momento de su muerte, Sócrates dijo que «un hombre, que se ha consagrado toda su vida a la filosofía, debe morir con mucho valor, y con la firme esperanza de que gozará después de la muerte bienes infinitos» (Platón: *Fedón o del alma*, 57a- 64a).

- Panecio de Rodas (siglo II a.C). Fundó una escuela estoica en Rodas. Introdujo ideas platónicas y aristotélicas en su escuela. Negaba la inmortalidad del alma. Rechazaba la *apátheia* y suavizó la moral estoica tradicional.

- Posidonio (siglos II - I a.C). Además, fue uno de los principales científicos de la época.

- Musonio Rufo (siglo I a.C.). Se centró en la ética y propugno que tanto el hombre como la mujer han recibido el raciocinio de los dioses, por lo que ambos deberían estudiar filosofía y buscar la Virtud.

- Séneca (4 a.C. - 65 d.C.). Es quizás el filósofo estoico más conocido y muchas de sus teorías eran compatibles con el cristianismo.

- Epicteto (55 - 135). Se especializó en las enseñanzas éticas. Su enseñanzas fueron recopiladas por su discípulo Arriano en el *Enquiridión*[3].

- Marco Aurelio (121 - 180). Fue Emperador de Roma desde el año 161. Fue seguidor del estoicismo y en sus escritos se valora a la muerte como un bien, al ser «el descanso de la impronta sensitiva, del impulso instintivo que nos mueve como títeres».

Se ha puesto de manifiesto por muchos autores la relación del estoicismo con el cristianismo, hasta el punto de decirse que muchos estoicos eran cristianos y que muchos cristianos eran estoicos.

---

3 Puede leer la obra completa en mi recopilación publicada en Amazon: *Manual para ser Feliz. Enquiridión de Epicteto.*

Los puntos en común entre ambas creencias son los siguientes:

- Creencia de una hermandad entre los hombres (en los cristianos en cuanto hijos de Dios, mientras que en los estoicos en cuanto participantes del Logos universal).

- La existencia de una ley natural o racional (obra de Dios en el caso de los cristianos, manifestación del Logos universal en el caso de los estoicos).

. La búsqueda de la paz interior en el vivir (fundamentada en el cumplimiento de los Mandamientos y la resignación ante los designios de Dios en el caso de los cristianos; mientras que en los estoicos se basa en la aceptación de lo que no depende de nosotros mismos).

- La inmortalidad del alma o la vida eterna, aunque sus fundamentos son distintos (Dios en los cristianos; su participación en el Logos cósmico para los estoicos).

- La ausencia de la búsqueda del placer como fin de nuestras vidas. El placer sería consecuencia de vivir correctamente, pero no sería el objeto que mueve nuestra forma de actuar.

Pero también había puntos que distinguían a los cristianos de los estoicos:

- Los cristianos creían en un Dios personal, mientras que para los estoicos el Logos universal no es una persona, sino un principio que rige en la naturaleza (similar a un animismo, según algunos).

- Para el cristiano existe el mal y el bien, mientras que para los estoicos no existe lo bueno ni lo malo por sí mismo, sino por el efecto que produce en el sujeto, con independencia de que haya cosas más conformes a la Razón que otras.

- El cristianismo no es determinista, al menos en los Padres de la Iglesia (entre los que destaca San Agustín de Hipona), que defienden un libre albedrío. Los estoicos son deterministas o compatibilistas.

Algunos historiadores creen que Pablo de Tarso tuvo contactos con la escuela estoica antes convertirse al cristianismo. En relación con esta teoría, existe cierta corriente que opina que Séneca se convirtió al cristianismo. No hay prueba de esto último, aunque sí hay catorce cartas entre Pablo y Séneca que algunos creen falsas, aunque no hay pruebas que evidencien si son verdaderas o falsificaciones. La concepción del estoicismo por Séneca de un Dios personal, así como de la entrada de la piedad y la misericordia en el sistema ético y racional del estoico hacen que su acercamiento al pensamiento cristiano fuera notorio.

Como elemento común entre filósofos estoicos y cristianos habría que señalar también que tanto unos como otros fueron perseguidos por distintos emperadores romanos a partir del siglo I.

La influencia de los estoicos en los cristianos de los siglos posteriores fue importante e inspiró, en mayor o menos medida, a teólogos y filósofos tales como Tomás de Aquino (siglo XIII) y su teoría de la ley natural.

En el siglo XVI hubo un resurgimiento del pensamiento estoico dando lugar al neoestoicismo defendido por autores tan importantes como Erasmo de Rotterdam, Francisco Sánchez de las Brozas, Luis Vives o Francisco de Quevedo.

Más tarde, la influencia del estoicismo se aprecia en pensadores como Spinoza, Kant o Descartes. El modelo de ética estoico fue la base de la búsqueda de un concepto de ética universal y racional.

En la actualidad, disfruta de un nuevo resurgimiento como modelo de vida frente al consumismo compulsivo y el hedonismo superficial.

LUCIO ANNEO SÉNECA

Lucio Anneo Séneca nació en Corduba (actual Córdoba), en la provincia romana de Hispania (actual Península Ibérica). Nació el año 4 a.C. en el seno de una familia noble. Era hijo de Helvia y de Marco Anneo Séneca, procurador imperial y conocido retórico. Su padre Marco es llamado Séneca el Viejo para diferenciarlo de su hijo Lucio, que es llamado Séneca el Joven.

Lucio Anneo Séneca recibió una vasta educación y se empapó de los conocimiento de la época. Admirado por sus altas dotes intelectuales y proveniente de tan buena familia, ocupó diversos cargos en el Imperio Romano; concretamente los de cuestor, pretor y senador. Padecía asma y su salud débil y enfermiza hizo que en varias ocasiones se temiera por su vida. Su influencia y relevancia hizo que fuera envidiado y temido por los emperadores Calígula (12 -

Busto de la estatua de Séneca (1965) en Córdoba, realizada por Amadeo Ruiz Olmos (1913-1993).

41) y Claudio (10 a.C. - 54 d.C). Ambos emperadores lo condenaron en dos ocasiones a muerte por motivos infundados, ya que se piensa que la razón última fue la desconfianza hacia la influencia de Séneca en el gobierno romano mas que porque hubiera cometido algún delito. En ambos casos se salvó de la aplicación de la pena capital. En el caso de la condena de Calígula porque se pensaba que su débil salud haría que muriera pronto; mientras que en caso de Claudio, la pena de muerte fue conmutada por el exilio en Córcega, que duró ocho años. A la muerte de

Claudio, en el año 54, Séneca fue nombrado tutor y consejero del nuevo emperador, Nerón (15-68). Desde los dieciséis hasta los veinticinco años, Nerón dejó el gobierno de Roma en manos de Séneca y del tribuno militar Sexto Afranio Burro (1-62). Estos años fueron considerados como una de la época más prósperas del Imperio Romano. Pero Nerón acabó por desprenderse de sus valiosos asesores y, ansioso de afianzar su poder sobre el Senado e influenciado por su madre Agripina (15-59), se desembarazó definitivamente Séneca y Burro. El segundo murió (quizás envenenado por orden del propio Nerón) en el año 62. Ese mismo año, Séneca se retiró de la vida pública y se marchó de Roma con su amada esposa, Paulina. En el año 65, Nerón fue objeto de un intento de asesinato y se inculpó a Séneca de ser uno de los instigadores. Los celos de Nerón sobre su antiguo maestro hicieron que fuera condenado a muerte. Al recibir la noticia, Séneca se suicidó cortándose las venas. Ésta era la forma esperada de morir para un patricio en caso de ser condenado a muerte: suicidarse antes de ser ejecutado. El historiador Seutonio (70-126) dejó escrito que, como tardaba en morir, tomó un veneno, pero como no le hizo efecto, pidió meterse en una bañera caliente para que se acelerara su muerte. Séneca fue incinerado sin realizarse ceremonia alguna, tal y como pidió cuando redactó su testamento muchos años antes. Así fue como, en el año 65 de nuestra era, falleció uno de los más importantes filósofos romanos y universales.

LA FILOSOFÍA DE SÉNECA Y LAS *CARTAS A LUCILIO*

Te escribo lo mismo que te hablaría si nos encentrásemos sentados ó paseando; con descuido y sencillamente, deseando que mis cartas no tengan nada rebuscado ni fingido.

Séneca, Carta LXXV.

Séneca es el filósofo estoico más conocido y el que ocupó el cargo político de más importancia. Se desconoce el momento en que Séneca abrazó el estoicismo como modelo moral, pero siendo un lector desde su juventud, es posible que conociera dicha filosofía desde su infancia. Estuvo en Alejandría, donde pudo estudiar las filosofías con mayor relevancia de la época. Fue discípulo del filósofo griego estoico Atalo, de vital influencia en el modo de pensar de Séneca.

Séneca no sólo fue un reproductor de las ideas estoicas, sino que se aprecia cierto eclecticismo sobre algunos temas fruto de ser un lector voraz y conocedor de los más variadas teorías éticas.

Séneca nunca escribió una obra en la que resumiera su filosofía, por lo que sus ideas se extraen de sus escritos que se conservan: varias cartas, diálogos morales, tragedias, obras poéticas y hasta una Enciclopedia Natural (*Naturales quaestiones*). Algunos historiadores creen que Pablo de Tarso tuvo contactos con la escuela estoica antes convertirse al cristianismo. En relación con esta teoría, existe cierta corriente que opina que Séneca se convirtió al cristianismo, aunque no hay prueba de ello. La concepción del estoicismo por Séneca de un Dios personal, así como de la entrada de la piedad y la misericordia en el sistema ético y racional del estoico demuestran cierta coincidencia con el cristianismo. También se conservan varias cartas que parecen demostrar una relación epistolar entre Séneca y San Pablo; sin embargo, la mayoría creen que las cartas son apócrifas y escritas tras la muerte de Séneca para alimentar la idea del acercamiento de Séneca al cristianismo.

Se ha discutido mucho sobre las riquezas de Séneca. Era miembro de una familia acaudalada y su larga carrera política puede que le hiciera aún más rico. Esa fama de riqueza fue utilizada por sus contemporáneos y por autores posteriores para desprestigiar al filósofo y acusarle de hipócrita, ya que criticaba en sus escritos el exceso de riqueza que, sin embargo, poseía. Sin embargo, se desconoce si era tan inmensamente rico como decían o si fue un arma utilizada en su contra por los conspiradores celosos de su influencia en el Imperio. Cuando decidió retirarse de la vida pública en el año 62 cedió toda su fortuna al emperador Nerón[4].

Las *Cartas a Lucilio* (también llamadas *Epístolas Morales a Lucilio*) fueron escritas en los últimos años de su vida (quizás entre el 62 y el 65), mientras estaba enemistado con el emperador Nerón y alejado de la vida pública y política. Está formada por ciento veinticuatro cartas, aunque es posible que existiera alguna más que no se ha conservado. Son las cartas remitidas por Séneca a Lucilio, procurador de una provincia romana. Sin embargo, las enseñanzas de Séneca son universales, no sólo van dirigidas a Lucilio, lo que hace pensar que Séneca ya pensaba en que su lectura se realizaría por el público en general (no sólo por Lucilio). Algunos creen que Lucilio no existió y la correspondencia no era verdadera, sino una ficción o excusa para plasmar una serie de enseñanzas morales que sirvieran al lector. Cada Carta aborda un tema y le da una respuesta con su filosofía. El estilo es sencillo,

---

4 Francisco de Quevedo escribió un soneto con el título "Séneca vuelve a Nerón la riqueza que le había dado".

claro y directo. La finalidad de las epístolas es enseñar a vivir de forma sabia y feliz. Para Séneca, sólo si se es sabio se puede ser feliz, siendo falsa la felicidad en los demás casos. En sus cartas también hace referencias al destino del alma tras la muerte, moviéndose entre dos posibilidades: una es que sí hay vida tras la muerte, mientras que la otra es que no hay vida tras la muerte. Conforme se avanza en la lectura de las cartas, parece inclinarse por la existencia de una alma inmortal que sobrevive a la muerte del cuerpo. Séneca también hace referencias a filósofos no estoicos, como Epicuro[5], demostrando que se pueden obtener pensamientos válidos de autores supuestamente contrarios ("puedo apropiarme todo lo bueno que ha dicho otro", escribió Séneca para defender el derecho de cita). Son muchas las temáticas que tocó Séneca y que, dos mil años después, pueden servir al ser humano para alcanzar la sapiencia y la felicidad.

---

5 Filosofo que vivió entre los siglos IV y III a.C. Su pensamiento dotó al hedonismo de unas características propias y dio lugar al nacimiento de una escuela distinta: el epicureísmo.

SOBRE ESTA OBRA

En esta obra se ha realizado una recopilación de frases y consejos escritos por Séneca en las *Cartas a Lucilio*. Partiendo de la traducción realizada por Francisco Navarro y Calvo en 1884, se ha procedido a adaptar el lenguaje utilizado para hacerlo más comprensible por el lector contemporáneo. Esta recopilación no sustituye la valiosa obra de Séneca, que merece ser leída al completo; pero dada la amplitud de la misma, puede servir para acercar al lector a la filosofía estoica y, concretamente, al pensamiento de Séneca. Con esto no queremos decir que deban seguirse todos sus principios a rajatabla porque, al fin y al cabo, el lector será el que decida que camino debe seguir.

Gabriel Rodríguez Morales

ENSEÑANZAS EXTRAÍDAS DE LAS *CARTAS A LUCILIO*

¡Tú me aconsejas! Me dices. ¿Te has aconsejado ya tú mismo? ¿Te has corregido para dedicarte a corregir a los demás? No soy tan presumido que, estando enfermo, pretenda curar a otros; pero encontrándome acostado en la misma enfermería, hablo contigo de la enfermedad que nos es común y te comunico los remedios que empleo.

Séneca, Carta XXVII.

CÓMO ACTUAR SABIAMENTE

Procuremos solamente que nuestra vida sea mejor, pero no distinta de la del vulgo.

La filosofía atiende primeramente a formar el sentido común, así como a regular los deberes de la vida y de la sociedad. De esta profesión nos separaremos si vivimos de otra manera que los demás.

El camino es más corto y eficaz por los ejemplos que por los preceptos.

El sabio no desea lo que le falta; pero, indudablemente, se alegraría de que no le faltase nada.

Las manos, los ojos y otras muchas cosas de uso cotidiano convienen al sabio, pero no les son indispensables, porque esta palabra implica necesidad y el sabio no necesita nada.

(Citando a Epicuro) "Es necesario proponernos como modelo algún hombre honrado para tenerlo constantemente como ejemplo para vivir como si estuviese presente y hacerlo todo como si nos contemplase".

El que está en todas partes, no está en ninguna.

Tres cosas hay que evitar: el odio, la envidia y el desprecio.

La sabiduría perfecta hace dichosa la vida.

Debes fortalecer tu alma por medio del estudio continuo.

La filosofía forma el espíritu, ordena la vida, regula las acciones, muestra lo que se debe hacer y lo que se debe evitar.

Los deseos de la Naturaleza son limitados; los que nacen de falsa opinión no saben dónde detenerse, porque el error no tiene término cierto. El que sigue el buen camino llega a su final; el que se extravía no lo alcanza jamás. Apártate de toda vanidad y cuando quieras saber si lo que deseas es según la Naturaleza, contempla si puede detenerse en algún punto. Si habiendo avanzado mucho todavía quiere avanzar más, no será natural.

(Citando a Epicuro) "El exceso de la cólera engendra la locura".

La filosofía enseña a obrar, no a hablar.

Consigue de mí que, en primer lugar, desprecie los placeres y la gloria; después me enseñarás a resolver lo difícil, a distinguir lo ambiguo y a esclarecer lo oscuro. Pero ahora, enséñame lo necesario.

Una de las ventajas principales y más elevada muestra de sabiduría es que las acciones concuerden con las palabras.

¿Qué es la sabiduría? Querer siempre la misma cosa o rechazarla siempre. No añado la condición con tal de que la cosa que se quiere sea justa, porque no existe nada que pueda quererse siempre si no es justo.

Es necesario decidir lo que queremos hacer y perseverar en ello con constancia

(Citando a Epicuro) "Hazlo todo como si alguien te contemplase". (…) Es mucho más honroso vivir como si te encontrases en presencia de un hombre honesto y recto. (…) Cuando hayas avanzado lo bastante como para tener respeto de ti mismo, podrás despedir al pedagogo; pero, mientras tanto, mantente bajo la autoridad de otro.

Solamente la Virtud puede dar goce sólido y perpetuo. Si se presenta algún obstáculo, éste es como las nubes que pasan por delante del sol, sin extinguir jamás la luz. ¿Cuándo conseguiremos este goce? Nadie para de preguntarlo, pero nadie se apresura a adquirirlo porque cuesta mucho trabajo conseguirlo.

Es necesario vivir persuadidos de que no hemos nacido para quedar fijos en punto determinado. Mi Patria es todo el Mundo.

Epicuro dijo: "Principio de enmienda es el conocimiento del pecado". (...) Sé primero acusador tuyo y después juez; pide perdón alguna vez y, en ocasiones, castígate.

Únicamente quiero que tu espíritu, después de una larga agitación de vagos pensamientos, se detenga y permanezca fijo; que estés satisfecho de ti mismo y que, conociendo los verdaderos bienes, que basta conocer para poseer, no necesites prolongar tu edad. Aquel que es superior a todas las necesidades y se encuentra franco y libre, vive después de terminar su vida.

Una cosa es recordar y otra saber. Recordar es conservar lo que se ha confiado a la memoria. Saber es apropiarse una cosa y no necesitar auxilio ni consultar al maestro.

Si quieres que todas las cosas te estén sometidas, sométete tú primeramente a la Razón. Regirás sobre las cosas si la Razón te rige. La Razón te enseñará lo que debes emprender y cómo podrás ejecutarlo; nada harás por casualidad.

La avidez pasa a ser exceso en cuanto se extiende más allá de los límites naturales. La Naturaleza lo tiene todo ordenado y a todo puso término; lo superfluo y lo que nace del vicio, no tiene fin. Mídanse las cosas necesarias por la utilidad que producen.

No existe remedio para el mal cuando los vicios se convierten en costumbres.

Dentro de nosotros reside un espíritu sagrado que nos trata según le hemos tratado; es observador y guardador del bien y del mal que hacemos. Sin Dios, ninguna persona es justa.

Alaba lo que no se le puede dar ni quitar, que es el propio bien del hombre. ¿Preguntas cuál es este bien? Es un alma en la que la Razón es perfecta. Porque el hombre es un animal racional y su bien llega al grado más alto cuando ha cumplido el fin para que ha nacido. Pero, ¿qué exige de él esta Razón? Una cosa muy fácil: vivir según su Naturaleza.

Los que tienen buenas costumbres viven contentos y constantes; los malos son volubles y, con frecuencia, cambian, aunque no para mejorar

La Naturaleza nos ha hecho dóciles y nos ha dado una razón imperfecta, pero que puede perfeccionarse. Háblame de justicia, de piedad, de sobriedad y de continencia. De esta manera, si no me extravías, llegaré fácilmente adonde quiero ir.

Necesitamos olvidar los vicios y aprender las virtudes; pero lo que más debe animarnos para reformar nuestras costumbres es que este bien tan grande, una vez adquirido, se conserva siempre

Debemos seguir unas pautas convenientes para las buenas costumbres, igual que hacemos para la salud corporal.

Debemos cuidar de alejar de nosotros todo lo que puede inclinarnos al vicio y endurecer nuestra alma, así como ocultarle los cebos que le presentan las pasiones.

La educación austera robustece el ánimo y le hace capaz de grandes empresas.

¿Por qué no confiesa nadie sus defectos? Porque aún le dominan. Es necesario estar despierto para dar a conocer los sueños. Es señal de un espíritu sano el confesar sus faltas. Despertemos para que podamos conocer nuestros errores; pero solamente puede despertarnos la filosofía, porque sólo ella puede disipar nuestro profundo sueño.

En todas partes puede estar tranquilo el sabio y dedicarse al estudio. Por el contrario, el malo está agitado en todas partes.

A los que tienen ocupaciones no les queda tiempo para pensar en placeres. No hay mejor remedio que la ocupación para dominar los vicios, porque éstos nacen de la ociosidad.

Nada es permanente y sólido; pero, sin embargo, todo lo deseamos como si hubiese de durar siempre o como si hubiésemos de poseerlo para siempre.

SI buscas voluptuosidades por todas partes, ten por seguro que estás tan lejos de la sabiduría como del regocijo.

El sabio y el que aspira a la sabiduría, aunque esté sujeto a su cuerpo, no deja de desprenderse algunas veces de él y remontar a lo sublime por sus pensamientos. Cree, como obligado por juramento, que el tiempo que habita aquí se le concede de gracia y, sin tener amor ni repugnancia a la vida, se acomoda a las cosas de la tierra, aunque sabe que se le reservan otras mejores en otra parte.

Nada es honesto cuando se hace por coacción, contra la propia voluntad. Todo lo honesto es voluntario. Si se hace algo con pereza, repugnancia, irresolución y temor, la acción pierde en seguida su mejor parte, que es realizarla con placer. Lo que no es libre no es honesto. El que teme no es libre. Todo lo honesto es seguro y tranquilo. (…) Por esta razón, si el que quiere hacer algo virtuoso encuentra obstáculos, no debe considerarlos como males, sino solamente como incomodidades.

El buen hombre marchará siempre hacia todo lo que es honesto y perseverará en su designio aunque traten de detenerlo verdugos, llamas y tormentos.

La Razón es igual a la Razón, como una cosa recta es igual a una cosa recta; por tanto, la Virtud es igual a la Virtud, porque no es otra cosa que la Recta Razón. Todas las virtudes son razones; si son razones, son rectas; si son rectas, son iguales.

Solamente la razón sabe juzgar de los bienes y de los males. La razón no aprecia las cosas ajenas y externas, porque como no son buenas ni malas, las tiene como de poco valor, encerrando todos los bienes en el alma.

¿Qué es la Razón? Una imitación de la Naturaleza. ¿Cuál es el soberano bien del hombre? Conducirse según la voluntad de la Naturaleza.

Nada existe que sea superior a la Virtud. No hay nada más hermoso bueno y deseable sino cuando se hace por mandato de la Virtud.

Háblate mal de ti mismo. Acostúmbrate a decir la verdad y a escucharla. Fíjate más especialmente en lo que encuentras imperfecto en ti mismo.

No debes esperar para filosofar a tener tiempo; debe abandonarse toda ocupación para dedicarse a esta ciencia.

Se deben bendecir las estaciones del año y al Dios que las gobierna (…) El sabio no considera suyo más que lo que tiene en común con todo el género humano.

(Citando a Sextio[6]) "Por aquí se va al cielo: por la frugalidad, por la temperancia y por la fortaleza".

No hay otro bien que lo honesto.

No son las cosas mismas, sino la Virtud, la que hace estas cosas buenas o malas.

La Virtud puede brotar en todas partes.

Hay un solo bien, que es la Virtud, la cual tiene su asiento en nuestra mejor parte, que es la Razón. ¿En qué consiste esta Virtud? En el discernimiento justo y seguro que da movimiento al alma y que la hace ver al desnudo todas las

---

6 Quinto Sextio fue un filósofo estoico romano que vivió a lo largo del siglo I a.C.

vanas apariencias que excitan nuestras pasiones. Teniendo este discernimiento, se convendrá en que todas las cosas que proceden de la Virtud son buenas e iguales entre sí.

El hombre que encierra todos los bienes en lo honesto es dichoso en su alma. El que imagina que existen otros bienes se pone bajo el poder de la fortuna y el arbitrio ajeno.

El que se entrega a cosas que dependen de la casualidad, se prepara muchos motivos de inquietud y turbación. Un solo camino hay para estar seguro y tranquilo: despreciar los bienes de la fortuna y colocar toda la felicidad en la Virtud.

No nos propongamos otra cosa que decir lo que pensamos y pensar lo que decimos. Que nuestra vida sea conforme con nuestras palabras.

Nadie ha llegado a sabio por casualidad. Podrás adquirir dinero sin trabajo, tal vez recibirás honores y empleos sin que los pretendas; pero no conseguirás jamás la Virtud sino a costa de mucha fatiga y laboriosidad. Pero, ¡bueno es el trabajo con el que se adquiere toda clase de bienes! No hay otro bien que lo honesto.

El ser humano es bueno si su razón es recta y conforme con la voluntad de su Naturaleza. Esto es lo que se llama Virtud. Esto es lo honesto y el único bien del hombre; porque, como solamente la Razón hace perfecto al hombre, solamente la Razón Perfecta le hace dichoso.

El hombre honrado hará siempre lo que cree poder hacer con honor, aunque parezca difícil o le sea perjudicial y peligroso. Por el contrario, jamás hará lo que no considere honesto aunque deba producirle dinero, placer o autoridad.

El hombre honrado regula sus acciones por dos motivos: seguir lo que es honesto y huir de lo que no lo es. No hay otro bien que la Virtud ni otro mal que el vicio.

Cuando un hombre honrado y valeroso se convence de que la libertad de su patria y la salvación de un país entero es el precio de su muerte, no es posible dudar que no le sea un placer muy dulce su sacrificio y que no saboree las consecuencias de su acción.

Debemos recibir las cosas con el mismo ánimo que se nos dan y no considerar el valor del regalo, sino el de la voluntad.

Si debe perdonarse al que nunca nos favoreció, algo más que el perdón debemos al que nos ofendió después de favorecernos.

Si se quiere comparar un beneficio con una injuria, el hombre honrado, guardando la equidad, debe inclinarse siempre al beneficio.

La mejor parte del beneficio la recibe su autor, que se hace bien a sí mismo a la vez que lo hace a otro.

Debemos fortalecernos con la filosofía. Ésta es un muro inexpugnable que la fortuna no puede derribar.

La falta de examen de nuestra vida es lo que nos hace peores.

No debe hablarse de libertad si no despreciamos todas las cosas que nos hacen esclavos.

El mayor suplicio del crimen se encuentra en el mismo crimen. Te engañas si crees que el malvado no recibe castigo hasta que está encadenado en manos del verdugo. El malvado está siendo castigado en cuanto comete el crimen.

El bien no puede proceder del mal (...). La planta responde a la semilla; lo que es bueno no puede degenerar.

Estudia no para saber más que los otros, sino para ser mejor.

Si enseñas una cosa que sea oscura y ambigua, es necesario apoyarla en pruebas. Si das pruebas, éstas valen más que lo que enseñas y bastarán por sí mismas.

Los preceptos de la sabiduría deben ser seguros y definidos.

¿De qué sirve enseñar lo que es evidente? De mucho, porque algunas veces sabemos una cosa, pero no reflexionamos en ella. En este caso, los preceptos advierten y no enseñan, limitándose a despertar la memoria y a impedir que se olvide.

Toda la filosofía consiste en enseñanza y acción, porque es necesario aprender y después practicar lo aprendido.

(Citando a Aristón) "No se es sabio si el alma no se trasforma por lo aprendido".

Es necesario abrazar una opinión a un sentimiento que se refiera a toda la vida, a esto lo llamo máxima. Conforme sea este sentimiento, serán también los pensamientos y las acciones, y por consiguiente, toda la vida. (…) Es necesario que nos propongamos el soberano Bien como nuestro fin y dirigir a él todas nuestras acciones y palabras, como los que navegan se dirigen por alguna estrella. La vida sin objeto es vaga, pero para proponerse alguno son necesarias las máximas.

Se ha olvidado la honradez natural y nada parece vergonzoso con tal de que sea útil.

En el ignorante, el dolor y la alegría son excesivos.

La ambición hace que te creas el último si alguien te precede.

No es la dificultad lo que impide atreverse, sino que de no atreverse viene toda la dificultad.

Debe medirse la carga por las fuerzas, no tomando más de la que pueda llevarse. Abraza, no lo que quieras, sino lo que puedas. Podrás cuanto quieras si tienes el ánimo bien dispuesto porque, cuanto más recibe, más ensancha su capacidad.

Nadie ha hecho tanto daño como los que viven de diferente manera que enseñan a vivir, porque están sujetos a todos los vicios que condenan: (…) "que obren como hablan".

¿Qué mérito hay en despreciar lo superfluo? Serás digno de admiración cuando desprecies lo necesario. No es gran cosa vivir sin aparato real, no desear jabalíes de mil libras, ni lenguas de flamencos y tantas otras extravagancias del lujo que no quiere que se le sirvan animales enteros, sino lo mejor y más delicado de ellos. Pero te admiraré cuando no desprecies el pan más inferior, cuando creas que las hierbas no nacen solamente para las bestias y que también sirven al hombre en caso necesario. Te admiraré cuando sepas que los retoños de los árboles pueden llenar un estómago hambriento, mientras que lo rellenamos de cosas preciosas como si pudiese conservarlas durante largo tiempo cuando en realidad se le debe alimentar sin elección. ¿Qué importa lo que se le de, si todo ha de perderlo igualmente? Te deleita ver servir ordenadamente lo que con mucho trabajo se ha buscado en la tierra y en el mar, de manera que unas cosas te parecen mejor si se ponen muy frescas en la mesa o muy nutridas y exudando grasa. Te agrada el perfume que se da a las viandas por medio del arte; pero, a fe mía, por bien preparadas y condimentadas que estén, igual fetidez tendrán cuando ocupen tu vientre. ¿Quieres despreciar los placeres de la mesa? Considera el resultado.

Nada te aprovechará tanto para llevarte a la temperancia en todas las cosas como la meditación frecuente acerca de la brevedad e inseguridad de la vida. En cualquier cosa que hagas, piensa en la muerte.

¿En qué se reconoce que una cosa es buena? En si está perfectamente conforme con la Naturaleza, que es su verdadero carácter.

Si consideras el fin principal de las cosas, no atenderás a lo superfluo. Si te llama el hambre, come lo que encuentres y te parecerá muy bueno. El hambriento lo encuentra todo excelente.

El alma grande que sabe que está reservada para una vida mejor, cuida de comportarse honesta y prudentemente en esta estación en que la han dejado, sin considerar lo que tiene alrededor suyo como cosas que le pertenecen, sino como cosas prestadas para su uso como un peregrino transeúnte.

Todos los vicios son contrarios a la Naturaleza, enemigos del Orden y de la Razón.

Debemos mantenernos en el camino que nos trazó la Naturaleza, sin separarnos de él.

Debemos aplicar todo nuestro talento a ponernos en situación de que no nos engañen las cosas. Las palabras no importan nada. (...) Las cosas son las que engañan. Distínguelas.

¿En qué consiste el bien? En el conocimiento de las cosas. ¿Y el mal? En no conocerlas.

El espíritu no es completamente recto cuando son discordantes sus acciones.

Lo recto y justo no se aprecia por la magnitud, por el número ni por el tiempo. No puede prolongarse ni acortarse.

¿Qué es lo mejor que hay en el hombre? La razón, puesto que por ella es superior a los animales y se acerca a los dioses. La razón es el bien propio del hombre; sus demás cualidades le son comunes con las bestias y con las plantas (...) ¿Qué tiene de peculiar el hombre? Cuando la razón es recta y perfecta hace completa su felicidad. (...) Lo que ha llegado a la perfección del bien que hay en ella, es digna de alabanza, por haber llenado el fin para que la formó la Naturaleza. Esta Razón Perfecta se llama Virtud o lo que es igual: lo que es Honesto. (...) Éste es el único bien del hombre, puesto que se aprecia al que lo posee aunque esté destituido de los demás. Al que no lo posee, se le desprecia y rechaza aunque goce de todos los bienes del mundo.

Solamente la ciencia del bien y del mal puede poner al alma en estado de perfección. Esta ciencia solamente se encuentra en la filosofía, porque ella sola trata del bien y del mal.

¿Quieres tener propicios a los Dioses? ¡Se bueno! Mucho les honra aquel que los imita.

El Bien verdadero no perece jamás; la Sabiduría y la Virtud son el Bien cierto, eterno y el único inmortal que alcanzan los mortales.

Para evitar el vicio son suficientes las fuerzas que la Naturaleza ha dado al hombre si éste quiere reunirlas y encaminarlas a su propio bien, que es el fin a que tienden. Si no lo hace, es porque no quiere, porque el no poder es sólo una excusa.

LA RIQUEZA Y LA POBREZA

No es pobre el que tiene poco, sino el que desea más de lo que tiene.

Preguntas cuál es el límite de la riqueza. El primero, tener lo necesario; el segundo, tener lo suficiente

El que se acomoda a la pobreza es rico.

Grande es aquel que usa platos de barro de la misma manera que los de plata, pero no es más pequeño aquel que de la misma manera usa la plata que el barro.

De ánimo enfermo es no saber soportar las riquezas.

La filosofía nos obliga a la frugalidad y no al sufrimiento. Como puede existir frugalidad con alguna delicadeza, me parece bien este término medio.

El vicio no está en las cosas, sino en el ánimo; por ese motivo agobian igual la riqueza como la pobreza.

Satisfacer el hambre cuesta poco, pero cuesta mucho satisfacer la inapetencia. A la pobreza le basta con calmar la necesidad apremiante.

El hombre discreto no debe buscar la pobreza como algo excelente, sino prepararse para ellas como algo fácil de soportar.

Nada de lo que poseemos nos es necesario. Volvamos a la ley de la naturaleza. Las riquezas están preparadas. Lo que necesitamos, es gratuito o vale poco. La naturaleza solamente pide pan y agua; en cuanto a esto, nadie es pobre.

(Citando a Epicuro) "La pobreza que se acomoda a la ley de la naturaleza vale tanto como las riquezas".

No será el dinero lo que te haga igual a él, ni los suntuosos trajes, porque Dios está completamente desnudo.

Es propio de ánimo superior despreciar las grandes riquezas y preferir las medianas a las excesivas; porque las unas son útiles siempre y las otras pueden ser perjudiciales si son demasiado grandes.

¿Hay algo más necio que alabar a alguien por las cosas ajenas o admirarle por lo que en un momento puede pasar a manos de otro? (…) Nadie debe gloriarse más que de lo suyo propio.

El camino más corto para poseer riquezas es despreciarlas.

O lo que llaman bien no lo es o el hombre es más dichoso que Dios, que no usa de las riquezas, de la opulencia, de la voluptuosidad, ni de nada de lo que forma el placer humano. Por tanto, debe deducirse que Dios carece de bienes, que no es creíble, o que aquello de que carece no son verdaderos bienes.

No encontrarás ni uno solo de los que la riqueza y los honores han colocado sobre los demás que sea grande realmente. ¿Por qué te parecen grandes? Porque añades la medida de la base a la de la estatua. Un enano será siempre pequeño aunque se le coloque en la cima de una montaña y un coloso será siempre grande aunque le bajen al fondo de un pozo.

Cuando quieras saber el verdadero valor de alguien, contémplale desnudo; despójale de sus riquezas, de sus cargos y de los demás favores con que le ha adornado la fortuna; hasta prescinde del cuerpo y considera su alma; contémplala como es para ver si es grande por sí misma o por lo que ha recibido de otro.

Comienza por desprenderte del temor a la muerte, que es el primer yugo que se nos impone; deshazte en seguida del temor a la pobreza y para comprender que no es un mal, compara el semblante del pobre con el del rico. Verás que el primero ríe con más frecuencia y con mayor franqueza, no tiene cuidados en el corazón y si le ocurre algún pesar, pasa pronto como ligera nube.

Si quieres apreciarte a ti mismo, prescinde de tu dinero, casas y dignidad. Posteriormente, mírate por dentro. No te conformes con lo que digan de ti los demás.

No se alaba la pobreza, sino al que en ella no se aflige.

Lo que no podemos adquirir sin mucho mal no es bueno. Experimentarnos mucho mal por adquirir riquezas, luego las riquezas no son buenas.

Las riquezas causan el mal, no porque ellas mismas lo produzcan, sino porque dan ocasión a hacerlo.

El verdadero bien da seguridad; las riquezas dan osadía. El verdadero bien inspira generosidad; las riquezas, insolencia, que solamente es falsa generosidad.

No puedo considerar ni poner en el número de las cosas buenas lo que no tiene otro objeto que el lucro.

Lo que posees es público, pertenece a todo el género humano.

La naturaleza nos suministra por sí misma todo lo que nos pide. El lujo, contrario a ella, la excita contra ella misma todos los días y, creciendo de siglo en siglo, presta auxilio a los vicios.

Las verdaderas riquezas no existen en los puntos donde están amontonadas. Es mejor llenar el alma que el arca.

Te aflige la pobreza, pero es mucho peor la pobreza imaginaria: aunque poseas mucho, si ves que alguien posee más, creerás que te falta todo aquello en que el otro te excede.

Te pondrás a cubierto de la envidia si permaneces oculto, sin ostentar tus riquezas y sabiendo regocijarte en tu interior.

De muy poco carece el que poco desea. Tiene lo que quiere el que no quiere demasiado.

Todo lo que no sirve para nuestro uso es un peso inútil e incómodo para el que lo soporta.

(Citando a Atalo) "Desprecio las riquezas, no porque sean superfluas, sino porque son pequeñas. (…) Todo eso es vana pompa. (…) Busca con preferencia las riquezas verdaderas. Aprende a contentarte con poco y pronuncia con valor estas palabras: con tal de que tenga pan y agua, disputaré la felicidad a Júpiter. (…) Pero ¿qué haré si me faltaran? ¿Buscas remedio a la pobreza? El hambre concluye con el hambre. ¿Qué importa que sea mucho o poco lo que te obligue a servir o cuántas cosas te niegue la fortuna si el pan y el agua que necesitas están en poder de otro? No es libre aquel contra quien puede algo la fortuna, sino aquel contra quien nada puede; por tanto, nada debes desear".

Nos hemos convertido en mercaderes, nos compramos y vendemos recíprocamente. No preguntamos ya de qué se trata, sino de cuánto vale. Somos buenos o malos según el precio. Defendemos lo honesto mientras ganamos algo, pero estamos dispuestos a lo malo si los vicios nos prometen más. Nuestros padres nos hicieron admirar el oro y la plata; la codicia que nos infundieron en la niñez ha crecido con la edad.

Hemos llegado al punto en el que se considera la pobreza como oprobio y maldición, siendo despreciada por los ricos y odiada por los mismos pobres.

Crees grande la riqueza porque te encuentras lejos de ella, pero es pobre a los ojos de los que la poseen.

Los hombres sufren mucho por la ignorancia. Buscan las riquezas como verdadero bien, engañándoles la opinión vulgar. Cuando con mucho trabajo adquieren las riquezas, descubren que son verdaderos males, inútiles o más pequeñas de lo que esperaban.

¿Qué es más, tener mucho o tener bastante? El que tiene mucho desea más, lo cual demuestra que no tiene bastante; pero el que tiene bastante ha llegado a un punto al que el rico no llega jamás. (...) No es poco tener bastante; porque cuando no se tiene bastante, nunca se posee mucho.

Nunca hizo rico al hombre el dinero, porque solamente sirve para aumentar su codicia. ¿Preguntas la razón? Porque cuanto más se tiene, puede tenerse mucho más.

El que sabe acomodarse a las necesidades de la vida, no sólo no siente, sino que ni siquiera teme a la pobreza.

Las riquezas deslumbran al pueblo (…), pero todo esto no pasa de ser una felicidad aparente y exterior.

Mide todo por los deseos de la naturaleza. Ésta puede quedar satisfecha sin que cueste nada o costando muy poco. No mezcles el lujo con los deseos.

Lo necesario está dispuesto siempre y se consigue fácilmente. Lo que sólo sirve para nuestras delicias se consigue a costa de grandes trabajos.

Seremos ricos con menos temor cuando sepamos que no es un mal tan grande ser pobre.

Solamente es digno de Dios el que desprecia las riquezas. No te prohíbo que las poseas, pero quiero que las poseas sin inquietud; esto lo conseguirás si te persuades de que no dejarás de vivir dichoso sin ellas y si las consideras siempre como próximas a perderse.

LA FELICIDAD

El que no se cree feliz es miserable, aunque mande a todo el mundo.

Solamente es feliz el que cree serlo.

Solamente el sabio está contento consigo mismo; el necio está disgustado siempre.

Si te encierras en la vida privada, todo te parecerá más pequeño, pero te satisfará completamente; mientras que ahora, una multitud de cosas que se te ofrecen por todas partes no pueden contentarte. ¿Prefieres la abundancia que no llena a la escasez que sacia?

Existen más esclavos voluntarios que forzosos.

La Naturaleza tendría razón para quejarse y decir: "¿Qué es esto? Te puse en el mundo sin deseos, sin temores, sin superstición, sin infidelidad y sin todos esos desórdenes que reinan entre vosotros; salid conforme entrásteis en él".

Ha llegado al grado más alto aquel que sabe de qué debe regocijarse y no hace depender su felicidad de poder ajeno.

No te fijes en las apariencias exteriores ni en las promesas de otros, busca el verdadero bien y goza el tuyo. Pero ¿qué significa *el tuyo?* Tú mismo y tu parte mejor. El cuerpo nos proporciona placeres falsos, que duran poco, están sujetos al arrepentimiento y, si no se les trata con moderación, frecuentemente llevan al extremo opuesto. El verdadero bien lo proporciona la buena conciencia, las rectas intenciones, los consejos honestos, las acciones virtuosas, el desprecio de lo fortuito y un género de vida tranquilo y constantemente igual.

Es necesario ver las cosas al descubierto y contemplarlas en su aspecto natural.

Procúrate la satisfacción de ver morir tus vicios antes que tú.

No es dichoso aquel a quien llama así el pueblo porque tiene mucho dinero; sino aquel otro que lleva dentro de sí todos sus bienes, que tiene alma grande y elevada, que desprecia todo lo que el mundo admira, que no ve a nadie por el que quisiera cambiarse, que no estima al hombre más que por las cualidades que le hacen digno de este nombre, que no tiene otro maestro que la Naturaleza, que se conforma con sus leyes y que vive como ella ordena, aquel al que el poderoso nada puede quitar, que convierte el mal en bien, es firme en sus juicios, es inmutable, es intrépido y al que la violencia puede conmover, pero no turbar. En definitiva, aquel a quien la fortuna, después de descargarle los golpes más rudos, solamente le puede causar, si acaso, una pequeña herida.

Nuestro daño no está fuera de nosotros, sino dentro, en el fondo de nuestro pecho. Nuestra curación será más difícil si ni siquiera conocemos que estamos enfermos.

¿De qué sirve el silencio exterior si las pasiones se agitan en el interior?

"La noche era plácida y tranquila". Esto es falso, porque no existe más reposo que el establecido por la Razón. La noche reproduce nuestros pesares en vez de expulsarlos y no hace más que cambiar nuestros cuidados. Ordinariamente, los que duermen se encuentran tan agitados por los sueños como lo han estado durante sus vigilias. La verdadera tranquilidad solamente se encuentra en la buena conciencia.

Solamente la persona fuerte, justa y moderada, puede poseer la alegría.

Cuando quieras saber lo que debes evitar o desear, refiérelo al Sumo Bien y al propósito de vida que has abrazado. Todas nuestra acciones deben estar conformes con él. No puede conducirse bien en particular quien primeramente no se ha propuesto un fin general (...) El Sumo Bien es lo que es honesto.

El que quiere tener alegría constante debe buscarla dentro de sí mismo.

¿Quieres saber por qué no necesita nada la Virtud? Porque se contenta con lo presente y no desea lo que está por venir. Todo es grande para ella porque todo le basta.

No es en la carne donde debemos poner nuestra felicidad.

Los bienes que la Razón nos da son sólidos y perpetuos. No pueden perecer, decrecer o disminuir. Los demás no son bienes sino por opinión; llevan el nombre de verdaderos bienes, pero no tienen sus propiedades. Llámalos como se dicen en nuestra lengua: productos. Consideremos que estos productos no son más que accesorios y no son partes de nosotros mismos; permitamos que habiten en nosotros, pero sin que olvidemos que están fuera de nosotros; pongamos estos productos en el número de las cosas más bajas que no merecen se les dispense honor. (...) Que todas estas cosas nos sigan, pero que no se nos adhieran, para que al desprenderse no nos causen herida. Utilicemos los productos modestamente y sin vanidad como depósito que debemos devolver algún día. (...) Es necesario, por tanto, usarlos con moderación.

La felicidad procede del conocimiento de las cosas divinas y humanas. La felicidad es estable, grande y tranquila. La felicidad reside en el fondo del alma.

¿Quién hay más desgraciado que el hombre que olvida los beneficios y recuerda las ofensas?

El sabio nunca pone las cosas en el extremo peor. El sabio no interpreta torcidamente las palabras ni los gestos; al contrario, suaviza con favorable explicación lo que podría haber de extraño y no recuerda la ofensa más que el beneficio.

Es igualmente peligroso que los nervios se esfuercen como que se aflojen. Creo que tan muerto está el que yace entre perfumes como el sumergido en el lodo. El reposo sin el estudio es una manera de muerte que deposita al hombre vivo en la tumba.

Qué miseria tan grande es ser envidioso y envidiado.

Si das cabida a la tristeza, al temor, a la avidez y a las demás pasiones desordenadas, ya no tendrás potestad sobre ellas. ¿Por qué? Porque los objetos que las excitan están fuera de ti y las hacen crecer a medida de su grandeza.

El fuerte no siente temor; el que no teme no se entristece; el que no se entristece es feliz.

La Virtud basta para hacer la vida feliz.

La Virtud realza el brillo del hombre y le coloca sobre todo lo que la generalidad adora, de manera que no experimenta deseo ni temor por todas aquellas cosas que el vulgo llama bienes o males.

Lo que no da al alma grandeza, seguridad ni firmeza, sino que, por el contrario, la da insolencia, vanidad y orgullo, es malo; las cosas fortuitas dan todo esto.

Nuestra felicidad consiste en poseer una razón perfecta.

¿Qué es la vida feliz? La seguridad y tranquilidad perpetuas. ¿Y cómo llegaremos a ello? Conociendo claramente la Verdad. Observando el orden y el decoro en todas nuestras acciones. Realizando nuestras acciones con espíritu de dulzura y equidad, atendiendo sólo a la Razón y haciendo brotar amor al mismo tiempo que admiración. Finalmente, diciéndolo en breves palabras, el alma del sabio debe ser cual convendría a Dios.

La felicidad consiste en vivir según la Naturaleza y no según la voluptuosidad.

La Naturaleza nos ha hecho nacer inocentes y libres.

Sólo es feliz el hombre que se mantiene erguido por sus propias fuerzas, porque si se sostiene en otro se puede caer.

Las cosas que consideramos más valiosas, como las riquezas, la influencia, la autoridad, no merecen que se las aprecien en un sestercio[7].

Es inútil que se oculte el malvado, porque éste no puede encontrar la tranquilidad. Los malvados pueden

---

7 Moneda romana que equivalía a un cuarto de denario.

encontrarse seguros, pero no tranquilos. (...) La conciencia les acusa y le hace ver como son.

El que es malo, todo lo convierte en mal, hasta las cosas que aparentemente son buenas. El justo e íntegro corrige la adversidad de la fortuna, dulcifica con la paciencia los acontecimientos desgraciados y recibe con modestia y agrado los favorables. Pero aunque el ánimo sea prudente y todo lo haga con juicio y no emprende nada que sea superior a sus fuerzas, no gozará jamás del bien perfecto y completo que está libre de las amenazas de la fortuna si no permanece firme contra los sucesos imprevistos.

El ánimo que se inquieta por lo porvenir, es desgraciado; nunca gozará de reposo y el temor del mal futuro le hará perder el goce del bien presente. Es lo mismo temer la pérdida de una cosa que el perderla.

El dolor tiene, entre sus otros defectos, el de ser ingrato además de inútil.

Mucho restringe el goce de los bienes el que solamente considera los presentes. De la misma manera pueden satisfacer los futuros y los pasados, aquellos por la esperanza, éstos por el recuerdo; los primeros son inciertos y pueden no llegar, mientras que los segundos no pueden dejar de haber existido. ¡Gran locura es abandonar lo cierto! Regocijémonos por los bienes que hemos recibido con tal de que hayamos sabido retenerlos y que no hayan escapado de nuestro poder.

Es inútil el dolor cuando nada ha de obtenerse de él.

Cosas hay que existen por sí mismas, por eso caen las lágrimas aunque se las contenga y alivian al pecho oprimido. ¿Qué hacer? Permitamos que caigan, pero no las provoquemos; que corran cuanto exija la aflicción, pero no cuando mande la costumbre. No debe añadirse nada a la tristeza ni debe aumentarse con el ejemplo ajeno. La ostentación del dolor exige más que el dolor mismo y es mucho más triste.

¿Existe algo más torpe que buscar el placer en el duelo y servirse de las lágrimas para deleitarse?

No es decoroso tener los ojos secos ni tampoco llorar demasiado. Bueno es verter algunas lágrimas, pero no deshacerse en llanto.

La vida de los malvados es muy agitada y confusa; tanto temen cuanto daño causan y nunca consiguen tranquilidad. Tiemblan después de una mala acción, quedan en suspenso, la conciencia no les permite obrar de otra manera y les obliga a recordar constantemente el crimen. El que ha delinquido teme ser castigado y el que teme ser castigado, ya lo está siendo. El malvado puede encontrarse en un lugar seguro, pero nunca en seguridad.

Los negocios no siguen a nadie, pero se sale a su encuentro, imaginando que es la felicidad el estar ocupado.

Todo lo que leemos de los filósofos debe referirse a nuestro propósito de conseguir una vida feliz. (...) Recibamos las advertencias saludables y las palabras eficaces para convertirlas en hechos. Aprendamos de manera que lo que fue discurso, pase inmediatamente a ser acción.

El mayor mal que puedes desear a un hombre es no tener la paz consigo.

No es necesario implorar la cólera de los dioses contra el malvado que merece castigo; te aseguro que le son adversos aunque algunas veces parezca que se complacen en elevarle. Observa atentamente y contempla lo que las cosas son en realidad y no en apariencia; entonces verás que nos sobreviene más daño por los sucesos afortunados que por los malos. En muchas ocasiones, una gran desgracia ha sido el origen de la felicidad.

Nos hemos creado tinieblas por todas partes. Nada vemos, ni lo que nos es dañoso ni lo que nos es útil. No hacemos durante toda nuestra vida más que correr, sin mirar ni siquiera dónde ponemos los pies.

Qué grande es el error de los hombres al querer extender su dominio más allá de los mares y creerse dichosos por haber conquistado con las armas muchas provincias y añadido otras nuevas a las antiguas. Ignoran que el gran imperio que cada uno puede conquistar es el dominio sobre sí mismo.

¡No temas! No pretendo quitarte nada de lo que no quieras perder. Al contrario, seré tolerante con todo lo que deseas y juzgues útil, necesario y cómodo para la vida. Únicamente te quitaré el vicio, porque al prohibirte desear, te permitiré querer, a fin de que puedas obrar con mayor audacia, con más seguridad y, por consiguiente, con mayor placer. ¿No has de gozar más del placer si mandas en él que si eres su esclavo?

La Naturaleza nos ha encomendado el cuidado de nuestro cuerpo, pero si condescendemos mucho con él, este cuidado es un vicio. La Naturaleza ha puesto placer en todas las cosas que nos son necesarias, no para hacer que las busquemos, sino para llevarnos a actos sin los cuales no podríamos vivir; pero cuando se saborea el placer por el placer mismo, aparece la lujuria. Resistamos las pasiones cuando quieran entrar, porque entran con más facilidad que salen.

(Citando a Panecio[8]) "No confiemos nuestro ánimo enfermo al vino, a la mujer, a los aduladores, ni a cosa alguna que lleve a la molicie".

(Citando a Panecio) "Debemos guardarnos mucho de caer en una pasión tan inquieta y furiosa que no se tenga en cuenta a uno mismo y nos entreguemos por completo a otro. En el amor, la facilidad y la dificultad son igualmente perjudiciales. La facilidad nos alienta, la dificultad nos irrita; por tanto, conociendo nuestra debilidad, vivamos tranquilos".

¿Quién se contentó jamás con lo que se le concedió aunque le pareciera muy grande mientras lo deseaba?

Lo honesto es la perfección del bien que hace la vida feliz y transforma en bien todo lo que toca.

Los males más grandes proceden de nuestros deseos. Aquello de lo que hoy nos quejamos viene de lo que antes recibimos con placer.

Es necesario acostumbrarse a contentarse con poco.

Eres un animal racional. ¿Cuál es tu bien? La razón perfecta. Llévala al punto más alto a que pueda subir y considérate feliz cuando veas brotar en ti mismo tus placeres. Serás feliz cuando entre todas las cosas que el hombre desea, arrebata y conserva, no encuentres ninguna que codicies y que ni siquiera desees. Te daré una sencilla

---

8 Filósofo griego que vivió en el siglo II a.C. Originariamente era estoico, aunque posteriormente matizó sus posiciones dando entrada a pensamientos propios de otras escuelas.

regla para te midas y conozcas si has llegado a la perfección: poseerás todo tu bien cuando comprendas que los considerados como felices son en realidad muy desgraciados.

Si Dios te da el día siguiente, recíbelo con alegría. El que es feliz y sabe gozar de la vida, espera el mañana sin inquietud. El que dice que ha vivido, diariamente gana.

EL CUERPO

Obremos sabiendo que no debemos vivir para el cuerpo, pero que no podemos vivir sin él.

No concedáis al cuerpo más que lo necesario para la salud.

El desprecio del cuerpo es la verdadera libertad

La virtud es igualmente laudable en un cuerpo vigoroso y libre que en otro enfermo y cautivo.

Hay muchos que ejercitan el cuerpo y pocos que ejercitan la mente.

Nunca es libre el que está sujeto a su cuerpo, porque sin mencionar otros amos que se atrae al servirle, su mismo imperio es molesto.

LA VEJEZ Y LA JUVENTUD

Las manzanas no son buenas hasta que empiezan a pasarse.

Los aficionados al vino saborean cuidadosamente el último trago que beben.

Nadie es tan viejo que no pueda esperar vivir un día más.

Te aseguro de que me congratulo de no sentir la vejez mas que en el cuerpo y no en el espíritu. Se debilitaron los vicios y todo lo que les sirve. El espíritu se encuentra vigoroso y se regocija de no tener ya tanto comercio con el cuerpo.

Si hay algo que no pueda hacer, no lamento mi impotencia en atención a que no debemos quejarnos de que llegue a su fin lo que ha de tener término.

Hasta en la vejez puede aprenderse.

El hombre, por viejo que sea, debe aprender.

Es preclara muestra de bondad conservarse con más cuidado en la vejez.

Siendo jóvenes podemos inclinar al bien nuestro espíritu, que todavía está flexible. Esa edad es adecuada para el trabajo, para cultivar la mente con el estudio y para robustecer el cuerpo con el ejercicio.

La vejez es una enfermedad incurable.

Ni la belleza ni la fuerza del cuerpo podrán hacerte feliz, porque están sujetas a la vejez. Es necesario buscar algo

que no se corrompa y a lo que nada se oponga. ¿Que será
esto? El espíritu, pero ha de ser recto, bueno y animoso.

LOS PESARES QUE NOS SUCEDEN EN LA VIDA

Debes endurecerte contra todas las desgracias que puedan sobrevenir, hasta contra las más grandes.

Desconfía de la tranquilidad presente. El mar cambia en un momento.

No fijamos nuestros pensamientos en las cosas que están presentes, sino que los extendemos a las que aún están alejadas. De esta manera, la previsión, que es beneficio de la condición humana, se convierte en perjuicio.

La memoria nos reproduce el tormento del temor y la previsión lo anticipa. Nadie se aflige solamente por el mal presente.

Existen muchas más cosas que nos causan miedo que cosas que nos hacen daño. Estamos malos muchas más veces de aprehensión que de realidad.

No padezcas prematuramente, porque lo que temes como muy cercano tal vez no llegará jamás y, por lo menos, es cierto que no ha llegado aún.

No sé por qué asustan más las cosas falsas que las verdaderas a no ser que sea porque éstas tienen su medida y su ser determinados, mientras que las que son inciertas dependen de nuestra imaginación, que quita o añade según le parece.

No hay temores más peligrosos que los que se llaman pánicos; porque si los otros no tienen razón de ser, éstos carecen hasta de conocimiento.

Si aun no ha sobrevenido el mal, ¿de qué sirve anticiparlo? Demasiado te atormentará cuando llegue; entre tanto prométete lo mejor. ¿Qué ganarás? Tiempo. Muchas cosas podrán sobrevenir que detendrán o apartarán el peligro que se aproxima.

La fortuna adversa tiene tantas ligerezas como la favorable; quizás se realice, quizás no se realice; pero mientras no se realiza, espera lo mejor.

Sería la miseria de los hombres si se hubiera de temer todo el mal que puede hacerse.

Examina tu temor y tu esperanza; cuando veas inciertos los dos, cree lo que más te agrade.

Si quieres desechar toda inquietud, proponte como acaecido todo cuanto temes que te ha de acontecer y por la magnitud de este mal ordena tu temor; entonces verás claramente que no es grande o no durará mucho aquello que temes.

Los festines producen indigestiones; el vino embota los nervios y ocasiona temblores; la lujuria debilita los pies, las manos y todas las coyunturas. ¿Llegaré a ser pobre? Me encontraré entre muchos. ¿Seré desterrado? Supondré que he nacido allí donde me manden. ¿Seré encarcelado?, ¿qué importa?, ¿estoy libre ahora? Estoy unido al cuerpo, que es naturalmente pesado. ¿Moriré? En ese caso ya no podré estar enfermo, preso, ni morir otra vez.

Cuando se presente ocasión de ganar algo o de sufrir alguna pérdida, reflexiona: ¿es perecedero este bien? Sí, puesto que fue adventicio y tan fácilmente puedes vivir sin él como viviste antes de poseerlo. Si lo has poseído durante mucho tiempo, lo pierdes cuando ya estás saciado.

Si lo has poseído poco tiempo, lo pierdes cuando aún no te has acostumbrado. ¿Tienes escasa fortuna? Tendrás menos cuidados. ¿Tienes escaso favor? Tendrás menos envidiosos.

Considera las cosas cuya pérdida nos arranca lágrimas y perturba; verás que de lo que nos aflige no es tanto lo que perdemos como lo que creemos haber perdido. Las pérdidas sólo se sienten en la imaginación.

Uno es esclavo de las mujeres, otro del dinero, otro de la ambición y todos del temor.

Enséñales lo que la Naturaleza ha hecho necesario y lo que es superfluo. Que fáciles de cumplir son sus leyes y que agradable y libre la vida de los que las cumplen. Por el contrario, que grande es el pesar y la pena de los que atienden más a la opinión que a la Naturaleza.

Así como el padre profesa más ternura a aquel hijo cuya enfermedad excita su compasión; también la virtud, aunque ama igualmente sus obras, tiene especial cuidado con aquellos que ven afligidos y perseguidos.

¿Existe algún bien contra la Naturaleza? Ninguno, pero a veces el objeto en que ese bien se encuentra es contrario a la Naturaleza. Sin embargo, es conforme con la Naturaleza conservar la firmeza del alma entre todos los sufrimientos.

Mucho me alegraré de escapar de los tormentos; pero si me veo obligado a sufrirlos, desearé portarme como persona animosa y de valor. Desearía que nunca hubiese guerra; pero si estallase, desearía poder soportar con generosidad los golpes, el hambre y todas las calamidades que acompañan a la guerra. No soy tan loco que desee enfermedades; pero si sobrevienen, desearía no hacer nada por intemperancia o por molicie. Por tanto, no son las molestias lo que debe desearse, sino la virtud que hace soportar suavemente las molestias.

Lo que debe desearse no es sufrir los tormentos, sino sufrirlos con fortaleza.

Sufro, pero con firmeza. Bien está. Muero, pero con firmeza. Bien está.

Como no hay parapeto que pueda resistir contra la fortuna, fortifiquémonos interiormente y, si esta parte queda segura, podrá atacarse al hombre, pero no hacerle prisionero. ¿Quieres saber en qué consiste esta fortificación? En que no se indigne jamás por nada que le suceda; considerar que los acontecimientos que parecen perjudicar sirven para la conservación del universo y que pueden contarse entre las cosas que forman el conjunto y variedad del mundo. Queramos todo lo que Dios quiera; agradezcámosle no poder ser abatidos por las adversidades, tener la fortuna bajo nuestros pies y saber dulcificar por la razón, que es más fuerte que todas las cosas, las desgracias, los dolores y las injurias. Amemos la Razón: su amor nos servirá de escudo para sostener los combates más rudos.

El bien no puede perderse si no se trueca en mal, cosa que no permite la Naturaleza, porque la virtud y todo lo que ella produce está libre de todo cambio. (…) Mientras la Virtud permanece íntegra, no hay desgracia que sea sensible.

El sabio no se aflige por la pérdida de sus amigos e hijos, porque soporta su muerte con tanta resolución como espera la suya, no sintiendo más ésta que deplora aquella.

Pero ¿qué hay más insensato que atormentarse por el porvenir, anticipar las desgracias, acercárselas en vez de alejarlas, si no es posible rechazarlas? ¿Quieres saber por qué no debe preocuparse nadie de lo que está por venir? Que te digan que dentro de cincuenta años te someterán a algún suplicio; no te atormentarás desde este momento, a no ser que quieras saltar por encima de tan largo período y arrojarte insensatamente en una aflicción que no debe llegar hasta mucho tiempo después. Lo mismo debemos de decir de aquellos que se quejan en sus enfermedades y buscan ocasiones para afligirse. Los males pasados les producen tristeza, pero el pasado está tan ausente como lo futuro; ni el uno ni el otro sentimos y no debe haber dolor allí donde no hay sentimiento.

La persona virtuosa no creerá que existe otro bien que lo honesto, donde están comprendidos todos los deberes, la obediencia a los Dioses, el no exaltarse por accidentes imprevistos ni deplorar su desgracia, someterse al destino y hacer lo que éste ordena.

El golpe no es tan rudo cuando se ha previsto; pero los necios que se abandonan a merced de la fortuna, siempre quedan sorprendidos y asombrados cuando se presenta el mal.

El sabio hace familiar los males que están por venir y suaviza por efecto de larga meditación los que los otros no podrían aminorar sino por largo sufrimiento. Algunas veces oímos decir a los ignorantes: "No sabía que podía ocurrirme esto". El sabio nada ignora de lo que le puede ocurrir y sea lo que quiera que le ocurra, dice: "Lo sabía".

No somos desgraciados sino en cuanto creemos serlo.

Es necesario prescindir de dos cosas: el temor del porvenir y el recuerdo de los males pasados. Los últimos ya no nos afectan, los primeros no nos han alcanzado todavía.

No se alaba el dolor, sino a aquel a quien el dolor nada puede arrancar.

El sabio está dispuesto para todos los acontecimientos, sabiendo dirigir los buenos y vencer los malos. Como el único objeto del sabio es la virtud, no tiene en cuenta la materia que ha de servirle de ejercicio, sino que considera la virtud en sí misma. De aquí que la pobreza, el dolor y todo lo que ordinariamente consterna a los ignorantes, no interrumpe sus funciones. ¿Crees que le incomodan los males? De ninguna manera, usa de ellos.

Es necesario pensar que todo puede suceder y resignarse a sufrirlo todo.

Nada permanece de pie, sino para caer algún día. Todas las cosas han de tener fin.

Es necesario que sufras el dolor, el hambre, la sed y la vejez. Si permaneces más tiempo sobre la tierra, no puedes evitar la enfermedad, perder muchas cosas y, finalmente, perder la vida. Pero no has de escuchar lo que te digan, porque de todos estos males que te nombro, ninguno lo es en realidad; ninguno es duro ni insoportable. Solamente se temen porque se cede al sentimiento vulgar.

Las cosas que todos temen no son tan temibles como se dice, ni siquiera el dolor ni la muerte. En la muerte, que es inevitable, existe el consuelo de que no vuelve jamás. En el dolor puede conservarse la fortaleza de espíritu, que sabe dulcificar por la razón lo que sufre con energía. El dolor tiene de bueno, que si es grande, no dura, y si dura, no es grande. Es necesario soportar con valor todo lo que la necesidad nos ordena.

El día que no pueda soportar algo, no podré soportarme a mí mismo.

¿Estoy enfermo? Es disposición del destino. ¿Han muerto mis esclavos? ¿Me apremian mis acreedores? ¿Se ha derrumbado mi casa? ¿Me sobrevienen pérdidas, heridas, desgracias, temores? Todo esto es normal, pequeño y debe acontecer. La Providencia lo ordena, no la casualidad.

Prevé con mucha anticipación y, si puedes, evita antes de que sobrevenga todo lo que sea perjudicial. Mucha ventaja será en tales coyunturas permanecer firme y resuelto a soportarlo todo. Pero es cosa necia y miserable el temer continuamente. ¿No es gran demencia anticipar la desgracia? (…) Se aflige más de lo que debe el que se aflige antes de lo que debe.

(Citando a Metrodoro[9]) "Todos los bienes de los mortales son mortales".

¿Qué remedio encontraremos cuándo perdamos algo que queríamos? El recuerdo de lo perdido y no olvidar el fruto o utilidad que obtuvimos. Se nos puede impedir poseer, pero no haber poseído. Es ingrato no agradecer el beneficio después de haberlo perdido.

Di en tu interior: "De todas las cosas que parecen terribles, ninguna hay que sea invencible, habiendo sido vencidas ya por muchos".

Debe tenerse cierta indulgencia con el afligido que acaba de recibir el golpe, permitiéndole desahogarse y dar expansión al primer impulso. Pero a aquellos que se

---

9 Metrodoro de Lámpsaco vivió entre el siglo IV y el III a.C. Fue uno de los más importantes filósofos griegos seguidores del epicureísmo.

obstinan en llorar hay que reprenderles para que aprendan que hay lágrimas necias.

La vida es un mar continuamente agitado que no tiene otro puerto que el desprecio de lo que pueda sobrevenir, permaneciendo firme sin sustraerse a los reveses de la fortuna, recibiendo sus dardos con robusto pecho.

La vida está sujeta a cambios y malos encuentros. Vivir no es cosa delicada.

Detengamos solamente los ojos y pronto veremos que se temen cosas que solamente duran un momento o que son inciertas y, algunas veces, exentas de peligro.

No hay nada molesto cuando se recibe con moderación, ni nada que nos desagrade si no consentimos en el desagrado.

Por mi parte, ignoro lo que sucederá, pero sé bien lo que puede suceder. No desespero de nada, lo espero todo. Si la fortuna me quita algo, lo llevo con paciencia. Me engaño con el momento de tregua y si no la tengo me engaño también; porque, como sé que todo puede suceder, sé también que todo puede dejar de suceder. Espero el bien preparado para recibir el mal.

¿De qué me servirá el conocimiento de una cosa que no puedo cambiar? Que la anuncien solamente. ¿Qué ganaré con prevenir lo que no puedo evitar? Aunque lo sepas o no, ha de suceder necesariamente.

LAS ENFERMEDADES

La filosofía da fuerza al espíritu dentro del cuerpo enfermo y le conserva dichoso y contento en la proximidad de la muerte

No hay nada que tanto alivie a un enfermo y que le quite tan fácilmente el pensamiento y temor de la muerte como las visitas y asistencia de sus amigos.

Tres cosas desagradables encontramos en las enfermedades: el temor a la muerte, los dolores del cuerpo y la suspensión de los placeres. Pero para estas tres cosas, hay respuestas.
Sobre el temor a la muerte:
Morirás porque vives, no porque estás enfermo. ¿Estarás a salvo si te curas? No. Habrás escapado de la enfermedad, pero no de la muerte.
Dolores del cuerpo:
Cuando el dolor llega a su parte más desagradable, alcanza a su fin (…). En los dolores agudos puede tenerse el consuelo de que se hacen insensibles a manera que son más sensibles.
Suspensión de los placeres:
El hombre sabio y prudente sabe separar su espíritu de su cuerpo.

Cuida de no hacer más graves tus enfermedades con inútiles quejas. El dolor no se hará mayor si no lo aumentas con la imaginación. Por el contrario, si tienes valor y te dices: "esto no es nada" o, en todo caso, "esto es poca cosa, tengamos paciencia", cesará muy pronto y hasta lo dulcificarás pensando que es fácil de soportar.

Dirás que la enfermedad no te permite hacer nada y te incapacita para todas tus ocupaciones. Pero tu enfermedad está en el cuerpo y no en el espíritu (...). Si te has acostumbrado a ejercitar tu espíritu, aconsejarás, enseñarás, escucharás, aprenderás, harás preguntas y recordarás.

¿Crees que no haces nada cuando soportas tu mal con paciencia? Demuestras que puedes vencerle o, al menos, que puedes sobrellevarle. Yo te aseguro que la virtud no pierde su actividad aunque esté acostada en el lecho.

La enfermedad impide los placeres del cuerpo, pero no los suprime por completo; al contrario, los excita. Más agrada beber cuando se experimenta mucha sed y comer cuando se tiene hambre. Se saborea con gran avidez lo que se consigue después de larga abstinencia.

Pero hoy, ¿cuántas enfermedades y padecimientos hay? Estos son los precios que pagamos por tantos placeres como hemos saboreado con exceso y sin medida. ¿Te extraña que existan tantas enfermedades? Cuenta el numero de cocineros.

La multitud de manjares produce una multitud de enfermedades.

Puede decirse que padecemos tantas enfermedades como clases de viandas comemos.

Al que cuida a su amigo enfermo, le alabo; pero si lo hace por la esperanza de algún legado, es un buitre que espera un cadáver.

Se resiste con más firmeza aquello para lo que desde largo tiempo estamos preparados y se soporta el mal con mayor facilidad cuando estamos prevenidos. Por el contrario, hasta los accidentes más pequeños espantan al descuidado. Debemos obrar de manera que nada nos coja de sorpresa. Como la novedad hace más sensibles las desgracias, esta meditación hecha de forma asidua hará que no seas nuevo en ninguna.

No podernos cambiar la condición de las cosas. Únicamente podemos colocarnos en la disposición de ánimo digna del varón prudente, para conformarnos con la Naturaleza y soportar con valor todos los acontecimientos.

Es bueno sufrir lo que no puede corregirse y obedecer sin murmurar a Dios, autor de todas las cosas. (...) El alma grande se entrega a Dios; mientras que, por el contrario, el ánimo estrecho y pequeño le resiste, de manera que juzgando mal del orden del Universo, antes quiere enmendar a los dioses que enmendarse él mismo.

EL MIEDO A LA MUERTE

Nunca es grande el mal cuando es el último que debe llegar.

No puede tener vida tranquila quien solamente piensa en prolongarla.

Regocija tu vida desechando el temor de que has de perderla. Ningún bien aprovecha a quien lo posee si no está decidido a perderlo cuando sea necesario.

Marchas a la muerte desde el día en que naciste. Es necesario alimentar nuestro espíritu con otras consideraciones si queremos llegar plácidamente a esa última hora cuyo miedo perturba todas las demás.

La muerte nos reduce a la nada o nos trasporta a otro lugar. El estado de los trasladados es mejor, puesto que se encuentran aligerados de su carga. En cuanto a los reducidos a la nada, nada les queda, por cuya razón son igualmente incapaces de bien y de mal.

No caemos de repente en poder de la muerte, sino que vamos a ella poco a poco. Morimos todos los días, porque todos los días perdemos parte de nuestra vida, que también disminuye cuando crecemos. (…) Este mismo día en que nos encontramos está dividido entre la vida y la muerte.

(Citando a Epicuro) "Es ridículo buscar la muerte por disgusto de la vida cuando la vida que se ha llevado obliga a buscar la muerte".

(Citando a Epicuro) "¿Hay algo más ridículo que desear la muerte cuando se ha tenido una vida desgraciada por el temor a la muerte?".

Debemos cuidar de no amar demasiado la vida, ni odiarla demasiado. Cuando la razón nos obligue a abandonarla, no debe ser ligeramente y con precipitación.

El hombre generoso y sabio no debe huir de la vida, sino salir de ella.

¿Eres joven? ¿Qué importa? La muerte no cuenta los años; ignoras dónde te espera. Por esa razón debes esperarla en todas partes.

Magnífica cosa es aprender a morir

Piensa en la muerte; quienquiera que te diga esto, te impulsa a pensar en la libertad. El que sabe morir, no sabe servir y si no está por encima, al menos está más allá de todos los poderes. ¿Qué valen contra él todas las cadenas y cárceles si tiene siempre una puerta libre? Una cadena solamente nos sujeta: el amor a la vida, que no debe extinguirse pero sí moderarse con objeto de estar siempre dispuestos para, en caso necesario, hacer en el acto lo que hemos de hacer alguna vez.

Si hay algo desagradable en la muerte no debe imputarse a la muerte, sino al que muere. No se experimenta más daño al morir que después de morir. Tan loco es el que teme lo que no ha de suceder como el que teme lo que no ha de sentir. ¿Es posible suponer que se sentirá una cosa que hará que no pueda sentirse nada?

Tan poca razón hay para temer a la muerte como para temer a la vejez, porque así como la vejez sucede a la edad viril, la muerte sucede a la vejez.

Parece que no ha vivido el que no quiere morir, porque solamente con la condición de morir se le ha concedido la vida.

Es demencia asustarse de la muerte, puesto que no debe asustar lo incierto, mientras que lo cierto debe esperarse. La muerte es igual para todos y es necesariamente inevitable. ¿Quién puede quejarse de una ley que a nadie exceptúa?

Los hay que, encolerizados, corren hacia la muerte, pero pocos lo reciben con regocijado semblante, excepto el que desde antiguo se ha preparado a ella.

No tememos la muerte, sino la idea de la muerte.

¿Qué es lo que se debe aprender? A despreciar la muerte, que es una excelente defensa contra todo linaje de ataques y de enemigos.

La muerte no lleva consigo ninguna molestia, porque es necesario que lo que produce molestias tenga existencia.

Todo concluye, pero nada perece. La muerte que tanto tememos y rechazamos hace cesar la vida, pero no la quita. Llegará el día en que nos pondrá de nuevo en el mundo.

Puede uno marcharse sin pesar cuando se marcha para volver. Considera las vicisitudes de las cosas y verás que nada se aniquila en el mundo, sino que cae y se levanta sucesivamente. Se marcha el estío y otro año le sigue;

pasa el invierno, pero los meses le seguirán también; la noche oculta el sol, pero el día llegará en seguida.

El sabio está tan contento con la duración de su vida como Dios con su eternidad.

No existir es estar muerto. Lo mismo será después de mí lo que ha sido antes de mí. Si existe algún dolor después de partir de este mundo, es necesario que haya existido alguno antes de venir a él. Pero nada sentíamos entonces.

Todo lo que fue antes de nosotros equivale a la muerte. ¿Qué importa no empezar o concluir? Lo uno y lo otro se reducen al mismo estado: a no ser.

Si el alma sobrevive al cuerpo, no muriendo con él, no puede perecer de ninguna manera. Lo inmortal lo es sin excepción alguna y nada puede dañar a lo eterno.

Antes de ser viejo pensaba en vivir bien; ahora que lo soy, pienso en morir bien. Y morir bien es morir sin pesar.

Dispongamos nuestro ánimo a aceptar voluntariamente lo que suceda y, sobre todo, a que no nos entristezca la idea de nuestro fin.

Es necesario hacer nuestros preparativos para la muerte antes que para la vida.

Todas las cosas están sujetas a la muerte, sin distinción de edad ni tiempo. Todo lo que puede acontecer alguna vez, puede acontecer hoy.

La muerte no es otra cosa que el fin o el tránsito. No temo dejar de ser, porque es igual a que si nunca hubiese sido; ni tampoco pasar, porque nunca estaré alojado en mansión tan estrecha como el cuerpo.

Nadie muere hasta que le llega su hora. Nada pierdes de tu tiempo, porque ajeno es el que dejas.

¿Quieres ser libre en lo que se refiere a tu cuerpo? Vive en él teniendo por seguro de que has de abandonarlo. Recuerda que un día tendrás que abandonar su compañía y tendrás más resolución cuando llegue la hora de partir.

¿Por qué he de indignarme y debe dolerme si precedo en algunos momentos al destino de todo el Universo? El espíritu superior debe obedecer a Dios y sufrir sin repugnancia todo lo que ordena la ley general. Porque pueden pasar dos cosas: pasar a mejor vida habitando en lugar más claro y tranquilo, en compañía de las cosas divinas; o, en otro caso y sin experimentar ninguna incomodidad, volverá al seno de la naturaleza y marchará a unirse a la masa de donde salió.

Si las almas subsisten después de la disolución de los cuerpos, se encontrarán sin duda en estado más feliz que antes. Pero si los bienes de que gozamos por medio del cuerpo fueran verdaderos bienes, nos encontraríamos en peor condición después de abandonarle y se deduciría que la prisión sería más ventajosa que la libertad, lo cual es contrario a toda razón.

Incompleto será el viaje si no llegas al término propuesto. Pero la vida será perfecta si es honrada. Tus años serán completos si los terminas bien y algunas veces se pueden terminar con valor aunque no sea por causas importantes, puesto que tampoco lo son las que nos retienen en la vida.

¿No sabes que es deber de la vida el morir?

Desprecia la muerte. Nada hay triste cuando no se teme.

Comienza por desprenderte del temor a la muerte, que es el primer yugo que se nos impone.

No se alaba la muerte, sino a aquel que muere sin turbarse.

Es necesario acostumbrar al espíritu por medio del continuo ejercicio a contemplar la presencia y aproximación de la muerte.

No debe indignarte la desigualdad de las tumbas porque la ceniza de unos es igual a la de otros. Si nuestro nacimiento es diferente, nuestra muerte siempre es igual.

La muerte es útil para muchos, ya que les libra de los dolores y de la escasez, mientras que a otros les exime de cuidados y suplicios. No estamos bajo el poder de nadie mientras tengamos a la muerte en nuestro poder.

La muerte no perdona a nadie. El que mata sigue muy de cerca al que mató. La muerte, que tanto nos preocupa, es sólo un momento. ¿Qué importa el tiempo que evites lo que no puedes evitar?

Es de locos lamentarse cuando media tan poca distancia entre el que ha muerto y el que le llora. Por esta razón no debemos afectarnos, ya que seguimos muy de cerca a los que hemos perdido. Considera la rapidez del tiempo, contempla también que corto es el espacio que velozmente recorremos. Observa que todo el género humano, que tiende al mismo fin, está separado por pequeños espacios, hasta cuando estos espacios parecen muy grandes. Aquel que crees perdido, no ha hecho más que marchar hacia delante. ¿Qué demencia mayor que llorar al que ha marchado antes que tú, cuando tienes que recorrer el mismo camino?

Todos corremos la misma suerte. Al que nace, solamente le resta morir. El espacio puede ser diferente, pero el fin siempre es el mismo. El tiempo que media entre el primer día y el último es incierto y variable. (...) Nada existe en la naturaleza que no corra y cambie rápidamente. Todo se agita, todo cambia en su contrario mediante el poder de la fortuna y en medio de este torbellino, nada hay seguro mas que la muerte. Y sin embargo, todos se quejan de aquello que precisamente no les engaña jamás.

El muerto no experimenta ningún daño, porque si lo siente, vive. Nada hay que pueda dañar al que no existe, porque si algo pudiera dañarle, existiría aún.

¿Crees que el fallecido es desgraciado porque no existe o porque existe todavía en alguna parte? Seguro que no lo crees porque no exista; porque, ¿qué sentimiento puede tener el que ya no existe? Ni tampoco lo debes creer porque exista en otra parte, porque ha evitado lo peor de la muerte, el no existir.

Todos somos iguales, jóvenes y ancianos, en cuanto al término de nuestra vida si se la compara con la duración del universo; porque nuestra porción en esta duración inmensa es menor que la parte más pequeña que pueda imaginarse, que no por ello deja de formar parte del todo. El tiempo que vivimos es casi nada y, sin embargo, por locura nuestra, le damos considerable extensión.

¡Qué insensatez es querer disponer de toda la vida cuando no somos dueños del mañana! (...) Todo es incierto hasta para los dichosos; nadie debe prometerse nada del porvenir. (...) El tiempo corre con ordenada marcha, pero desconocida (...) La muerte va a nuestro lado y no pensamos en ella más que cuando la vemos en otro (...) ¿Qué mayor locura que la de asombrarse porque ocurra en un día lo que puede ocurrir en todos? El término de nuestra vida está determinado por el inmutable decreto del destino, pero nadie sabe si está muy próximo.

Apresúrate a vivir y considera cada día como una vida. El que puede ordenar de esta manera su mente y considerar cada día como una vida entera, queda en perfecta tranquilidad. Por el contrario, aquellos que se prometen dilatados años, dejan escapar el presente, adquieren apasionado amor a la vida y espantoso temor a la muerte, siendo este temor el origen de todas las miserias.

Así como estamos encerrados nueve meses en el seno de nuestra madre para prepararnos para el sitio a donde nos envía cuando somos capaces de respirar el aire y permanecer al descubierto; desde la infancia a la vejez permanecemos en el seno de la naturaleza, preparándonos para otro nacimiento y otro estado.

Contempla con valor la hora postrera, que es la última para el cuerpo, pero no para el espíritu. (...) Ese día que consideras como el último de tu vida, es el de tu nacimiento eterno.

La fama que nos sigue después de la muerte es un bien. (...) ¿Por qué ha de temer el que espera morir? Hasta aquel que cree que el alma solamente vive el tiempo que se agita dentro del cuerpo y que se desvanece en cuanto se separa de él, hace cuanto puede para ser útil y estimado después de su muerte. Porque a pesar de que no se vea: "El valor y virtud de los héroes / vienen con frecuencia a la memoria". Considera cuánto aprovechan los buenos ejemplos y verás que es igual de útil la presencia de las grandes personas como su recuerdo.

No debes considerar a la muerte como un inmenso mal, ya que no encierra más que el miedo que inspira antes de llegar.

El hombre nunca parece tan divino como cuando piensa en que ha nacido para morir y que su cuerpo no es más que un hospicio que debe dejar en cuanto empieza a ser gravoso para el huésped.

El alma viene de lo alto y considera bajo y humilde el lugar que habita, no temiendo salir de él. Bien sabe a dónde se ha de volver cuando se recuerda de dónde se ha venido.

Aquel que posee realmente la sabiduría puede morir con tanta tranquilidad como nació.

EL USO DEL TIEMPO

Se dueño de ti mismo, recoge y conserva el tiempo que acostumbran a arrebatarte, sustraerte o que dejas perder.

Todo el tiempo trascurrido pertenece a la muerte.

Emplea bien todas las horas. Menos necesitarás del porvenir cuanto mejor trabajes en el presente.

Todas las cosas nos son ajenas, solamente es nuestro el tiempo.

La felicidad de la vida no consiste en su duración, sino en su empleo.

Engañado el vulgo por la apariencia, cree que el hombre ocioso, por este hecho, está contento, tranquilo y que vive para sí mismo, pero estas cosas solamente puede conseguirlas el sabio.

Nuestro cuidado no ha de ser vivir mucho tiempo, sino vivir bastante; porque lo primero depende del destino y lo segundo de nuestra conducta. Siempre es larga la vida cuando es completa. Ahora bien, es completa cuando el alma ha adquirido el bien a que estaba destinada y se ha hecho dueña de su conducta.

¿De qué sirven a aquel hombre los ochenta años que ha pasado en la holgazanería? No ha vivido ese tiempo; se ha limitado a permanecer en la vida; no ha muerto tarde, sino despacio. (...) Por el contrario, este otro ha muerto muy joven, pero ha cumplido todos los deberes del buen ciudadano, del buen hijo y del buen amigo, habiendo cumplido todas sus obligaciones. Aunque su edad no es avanzada, su vida está completa. El primero ha vivido ochenta años; di mejor, ha durado ochenta años.

Hagamos de manera que nuestra vida sea como las cosas preciosas, que tienen más peso que tamaño o extensión; midamos la vida por las acciones y no por el tiempo.

No depende de mí vivir mucho tiempo, pero depende de mí ser honrado mientras viva.

¿Quieres saber cuál es la mayor extensión de la vida? Vivir hasta haber adquirido la sabiduría.

Es vergonzoso permanecer en el lecho cuando el sol está ya alto sin despertar hasta el mediodía.

Considera atentamente la vasta extensión del tiempo; compara con su inmensidad lo que se llama edad del hombre y verás que lo que deseamos, lo que tratamos de prolongar, es cosa muy exigua.

La vida en sí no es buena ni mala; solamente da lugar para obrar el bien o el mal.

Dispongamos nuestro ánimo como si hubiésemos llegado ya al último momento; no esperemos más, sino que estemos dispuestos todos los días para devolver a la vida lo que hemos recibido de ella.

Nada hay tan miserable como la perpetua inquietud por lo venidero, es inexplicable la agitación que conmueve al ánimo irresoluto. ¿Cómo preservarse de esta fluctuación? De una sola manera: no esperando, sino recogiendo el tiempo de nuestra vida; porque quien no aprovecha el presente, queda en suspenso para lo venidero. Pero cuando mi mente descubra que en nada se diferencian un día de un siglo, contemplaré tranquilo la marcha de los días y de los negocios burlándome del cambio de los tiempos.

Lo que importa es vivir bien, no vivir mucho. Vivir bien, con frecuencia, consiste en vivir poco.

No tener nada que ponga a prueba la firmeza del alma y permanecer en perpetuo ocio, es antes languidez que tranquilidad.

Que cada día nos sea tan agradable como si fuese el primero y el más feliz de nuestra vida. Aprovéchalo.

Siempre quedará campo para descubrir y para ejercitar el entendimiento.

La naturaleza no ha sido tan benigna y liberal al concedernos el tiempo de manera que podamos perder parte de él; considera cuánto pierden incluso los más diligentes. Nos lo quitan también nuestras enfermedades y las de nuestros parientes, así como nuestros negocios particulares y públicos. El sueño consume la mitad de nuestra vida. ¿Por qué emplear en cosas vanas la mayor parte de un tiempo tan escaso y que corre con tanta rapidez?

La vida más larga no es la más dichosa.

No importa morir más tarde o más temprano, pero sí importa morir bien o mal. Morir bien es evitar el peligro de vivir mal.

Nadie cuida de vivir bien, sino de vivir mucho tiempo, a pesar de que todos pueden vivir bien y nadie puede vivir mucho.

Mientras se vive, es necesario aprender a vivir.

La vida es muy corta y nosotros la acortamos más con nuestra inconstancia, que nos hace vivir primero de una manera y después de otra.

EL TRABAJO

El trabajo, cuando se ha descansado; el descanso después de trabajar.

El hombre honrado no debe consumirse en un trabajo que no es honesto, ni permanecer agitado solamente por la inclinación que tiene a los negocios.

El trabajo alimenta a las almas generosas.

Cosas hay que no son buenas ni malas, como un cargo en el ejército, en la magistratura o una embajada. Estas cosas, comienzan a ser buenas cuando son honestamente administradas, no continuando ya en estado indiferente.

LOS VIAJES

Los que viaja sin cesar tienen muchos huéspedes y ningún amigo.

Si quieres fijar tu espíritu es necesario que fijes en primer lugar tu cuerpo.

Aquel que elige país y busca con cuidado el reposo, encontrará en todas partes cosas que se lo estorbará. Se dice que Sócrates respondió al que se quejaba de no haber mejorado en sus viajes: "No es extraño, ya que ibas contigo mismo". ¡Qué útil sería para algunos poder separarse a veces de sí mismos, puesto que no hacen otra cosa que inquietarse, asustarse y corromperse a sí mismos!

Si quieres librarte de las pasiones que te atormentan, cambia de vida y no de lugar.

Mientras no sepas de lo que debes huir, lo que debes desear, lo que es necesario o superfluo y lo que es justo u honesto, no viajarás, sino que vagarás sin obtener ningún provecho, porque te acompañarán tus pasiones, que no se separarán de ti. Ojalá no hicieran más que seguirte, porque así estarían más lejos, pero las llevas dentro de ti y por eso te atormentan y agitan en todas partes.

Si quieres hacer gratos viajes, cura a tu compañero de viaje. Jamás te abandonará la avaricia mientras estés con el avaro, ni la soberbia mientras estés con el orgulloso, no perderás el espíritu de crueldad en compañía del verdugo, ni el trato con el adultero apagará tus deseos. En definitiva, si quieres abandonar el vicio, es necesario que te alejes de los malos ejemplos.

LA LECTURA

Más se aprovecha la viva voz y conversación que la lectura. (…) El camino es más corto y eficaz por los ejemplos que por los preceptos. (…) Todos los filósofos que se dividieron en diferentes escuelas aprendieron más de las costumbres que de la doctrina de Sócrates.

La multitud de libros hace que queden en nada. Cuando no se pueden leer todos los que se tienen, basta tener los que pueden leerse.

La lectura de un libro especial es provechosa, mientras que la de muchos es solamente agradable.

No he abandonado la lectura, creo que me es necesaria; en primer lugar, para no confiar enteramente en mis opiniones.

La lectura alimenta al espíritu.

Cuando te encuentras fatigado del estudio, la lectura te da descanso por medio del estudio mismo.

Es necesario alternar el leer con escribir, de manera que la pluma forme un cuerpo de lo que la lectura ha recogido en diferentes parajes.

Los buenos preceptos, cuando se encuentran frecuentemente, son tan útiles como los buenos ejemplos.

LA CONVIENCIA Y LA SOLEDAD

¿Qué es lo que principalmente debes evitar? La multitud.

La conversación de muchos es dañosa. Siempre hay alguno que favorece el vicio.

Un solo ejemplo de lujuria o de avaricia hace mucho daño.

Recógete en ti mismo tanto cuanto puedas. Busca a aquellos que pueden hacerte mejor y recibe también a aquellos a quienes puedas tú mejorar. Esto es recíproco: los hombres aprenden cuando enseñan.

Evita todo lo que agrada al vulgo y todo lo que concede la casualidad. Considera sospechosos todos los dones de la fortuna.

Una de las causas de nuestros vicios es que vivimos imitando a otros sin que nos dirija la Razón, sino dejándonos arrastrar por la costumbre. Lo que no querríamos hacer si lo hiciesen pocos, lo imitamos cuando lo hacen muchos como si fuese honesto por ser frecuente. Nos sirve de razón el error cuando se hace por la mayoría.

El bueno debe ser útil al bueno.

El sabio es útil al sabio y a sí mismo.

El sabio no puede mantenerse en las buenas costumbres adquiridas si no se comunica con algunos amigos semejantes a él con los que practique sus virtudes.

Necesitamos el consejo ajeno. (…) Se ve mejor en los asuntos ajenos que en los propios.

Evitarás el odio que procede de ofensas si cuidas de no ofender a nadie sin motivo; esta conducta te la dictará el sentido común. Obrar al contrario fue muy peligroso para muchos y algunos experimentaron odios sin tener enemigos. Pero la afabilidad de tu carácter y la modestia de tu caudal conseguirán que no seas odiado ni temido, sabiendo que todos pueden ofenderte sin mucho peligro. Reconcíliate fácilmente y por completo, porque es algo muy molesto ser temido tanto en casa como fuera de ella por los siervos y por los libres, porque ninguno es tan pequeño que no pueda dañar. Además, el temido tiene motivo para temer y nadie puede conseguir a la vez que le teman y vivir tranquilo.

El mal que procede del hombre es repentino y cuanto más cercano está, más cuidan de ocultarlo.

Las fieras luchan por hambre o defendiéndose, pero el hombre goza al matar al hombre. Sin embargo, al pensar en el peligro que hay en el hombre, medita también en los deberes del hombre. Primero, para no recibir daño; segundo, para no causarlo. Regocíjate del bien ajeno, siente el daño que sufren otros y recuerda lo que debes hacer como lo que debes evitar. ¿Qué ganarás viviendo así? Que si te hacen daño, al menos que no te engañen.

¿Por qué atiendes tanto a lo que podrá sucederte si puede no suceder, como un incendio o un derrumbamiento? Estos accidentes ocurren por casualidad. Antes debes atender a los que nos observan, acechan y tratan de sorprendernos. Raras, aunque graves, son las desgracias de naufragar o caer con el carruaje; pero, en todo momento existe peligro de que un hombre sorprenda a otro hombre. Esto es lo que debes considerar con suma atención y estar constantemente prevenido.

Que no te detenga lo que los hombres piensen de ti, porque eso es siempre incierto y perjudicial.

Es saludable no hablar con personas que tienen sentimientos e inclinaciones contrarios a los nuestros.

La buena conciencia no teme al público; la mala conciencia se encuentra turbada y recelosa hasta en la soledad. Si tus acciones son honestas, que todo el mundo las vea; si son torpes, ¿qué importa que nadie las sepa si tú las conoces?

Platón dice: "No hay rey que no descienda de un esclavo, ni esclavo que no descienda de reyes". El tiempo, con sus continuos cambios, confunde los linajes y la fortuna los sube o baja según su capricho. ¿A quién puede llamarse noble? A aquel que naturalmente se incline hacia la virtud.

¿No piensas que ese a quien llamas esclavo procede del mismo origen que tú, goza del mismo cielo, respira el mismo aire y vive y muere lo mismo que tú?

Vive con tu inferior como querrías vivir con tu superior.

Siempre que pienses en tu autoridad sobre el inferior, piensa que la misma tiene sobre ti tu superior.

¿Deberé sentar a mi mesa a todos mis siervos? No, de la misma manera que no admites a todos los libres; pero no deben excluirse porque desempeñen oficios humildes, como el de muletero o carretero, porque se les debe apreciar por sus costumbres y no por sus oficios. Cada cual forma sus costumbres según le place y solamente el azar da los oficios.

Dios se contenta con ser honrado y amado. Esto debe bastar a los señores, porque el amor es incompatible con el temor.

Cuando te retires, que no sea para hablar de ti, sino para hablar contigo mismo.

Deben escucharse fríamente las necedades de los ignorantes y despreciar el desprecio cuando quiere adquirirse la Virtud.

El hombre que no mira más que a los de su tiempo, ha nacido para pocos.

Tan grande es el placer que se experimenta al encontrar un hombre agradecido que se debe arriesgar a encontrar un ingrato.

Los vicios de un pueblo entero se encuentran en un individuo, porque el pueblo se los ha inspirado (…). Es conveniente tener alguno que nos tire alguna vez de la oreja, que arroje las opiniones vulgares y se oponga a lo que el pueblo aprueba. Es un error creer que los vicios nacen con nosotros; vienen después, los aprendemos.

Este mundo que ves y que encierra las cosas divinas y humanas es un todo: somos miembros de este gran cuerpo. La Naturaleza nos hizo hermanos a todos, engendrándonos de la misma materia y para el mismo fin. Nos inspiró mutuo amor y a todos nos hizo sociables. Ella estableció la justicia y la equidad. Según la Naturaleza, es mayor el mal de causar un daño que recibirlo y según sus órdenes, nuestras manos deben estar siempre dispuestas para el bien. Este verso debe tenerse siempre en el corazón y en la boca: "Soy hombre y nada humano me es ajeno". Hemos nacido para vivir en común; nuestra sociedad es una bóveda de piedras trabadas que caerían si no se sostuviesen mutuamente.

Es mucho más importante que te conozcas a ti mismo que darte a conocer a los demás.

Es un defecto desear recibir un favor más que hacerlo.

El premio de la buena acción está en haberla realizado.

No debes envidiar a esos que el vulgo llama grandes y felices. El aplauso popular no debe turbar tu alma y hacerla perder su fortaleza y el buen orden. No debe disgustarte de tu tranquilidad ese que ves vestido de púrpura y precedido de haces, ni que consideres más dichoso a aquel ante quien despejan el camino que al otro al que retiran. Si quieres ejercer una autoridad que te sea útil y que no moleste a nadie, expulsa tus vicios.

El verdadero medio de evitar la esperanza y pretensiones de los malvados es no poseer nada que por su brillo pueda excitar la codicia.

De nada sirve que muchos sepan que eres justo. El que hace publicar su virtud no trabaja por la virtud, sino por la gloria. ¿No quieres ser justo sin fama? Muchas veces deberás serlo hasta con infamia y, si sabes apreciarla, la mala opinión que de ti formen por una acción buena, te deleitará.

LOS AMIGOS

Si tienes un amigo en quien no confíes tanto como en ti mismo, te engañas profundamente o no conoces la fuerza de la verdadera amistad.

Medita largamente si debes recibir en amistad a alguien. Cuando hayas resuelto hacerlo, recíbele con el corazón abierto y háblale con tanta confianza como a ti mismo.

Fuera de ciertas cosas que la costumbre ha hecho secretas, debes comunicar a tu amigo todos tus pensamientos y cuidados.

Tan vicioso es confiar en todos como no confiar en ninguno.

El sabio está contento consigo mismo no porque no quiera tener amigos, sino porque le basta poder tenerlos. Al decir poder tenerlos, entiendo que sufre sin emoción la pérdida de un amigo porque nunca estará sin amigo, ya que en su poder está reparar en seguida esta pérdida.

El amigo que se elige por interés será agradable mientras sea útil. Esa amistad es tráfico y no amistad; ese tráfico solamente atiende a sus conveniencias y al provecho que puede obtener.

Rebaja la grandeza de la amistad quien la busca para su provecho. El sabio está contento consigo mismo. (...) A pesar de que el sabio esté contento consigo mismo, desea tener amigos y quisiera tener muchos, aunque no para vivir contento, puesto que puede estarlo consigo mismo.

La mayor desgracia del hombre que tiene altos empleos y grandes bienes es tener por amigos aquellos de quienes no lo es él.

(Citando a Epicuro) "Debes cuidar de aquellos con quienes tengas que comer y beber antes de ver qué vas a beber y a comer".

No puede estimarse dichoso el que solamente se considera a sí mismo y todo lo refiere a su interés; es necesario que vivas para otro si quieres vivir para ti.

La sabiduría considera a todos los hombres como amigos; la imbecilidad ni siquiera considera como hombres a sus amigos. La sabiduría se hace amigos para servirles; la imbecilidad se hace amigos para que le sirvan.

No debemos inquietarnos por la ausencia de nuestros amigos, puesto que no hay nadie que se aleje cuando quieras que esté presente.

Los amigos debemos tenerlos en el alma, que nunca está ausente y que todos los días ve lo que desea.

Sobre la muerte de un amigo:
El recuerdo de los amigos que he perdido me es siempre agradable y dulce porque los he tenido sabiendo bien que había de perderlos y los he perdido como si los tuviese aún.
Deberíamos gozar con avidez de nuestros amigos porque ignoramos cuándo hemos de perderlos.
Mejor es reemplazar a un amigo que llorarlo eternamente.
Si pierdes un amigo, debes estar más satisfecho de haberlo tenido que triste por su pérdida.
Mucha parte de nuestros amigos, a pesar de que el hado los arrebató, permanece aún con nosotros.

Por fuertes que sean las razones que nos impulsen a salir de la vida, debemos permanecer en ella para utilidad de nuestros amigos, aunque sea con gran trabajo, puesto que es un deber vivir no solamente el tiempo que nos agrade, sino aquel en que somos útiles.

De ánimo valeroso es permanecer en la vida por utilidad ajena.

Es natural amar a los amigos y regocijarse por el buen éxito de sus acciones como si fuesen nuestras.

Considera a tu amigo como a ti mismo y piensa que tu enemigo puede volverse un amigo, así aumentarás tu amor hacia el uno y moderarás tu odio hacia el otro.

LA FORMA DE COMUNICARSE

Es fácil inspirar al oyente el amor por lo justo, porque la naturaleza ha derramado en todos los fundamentos y la semillas de la Virtud. Hemos nacido para hacerlas fecundas aunque estén aletargadas, despertándose en cuanto se las toca.

La elocuencia rápida y abundante conviene más al que quiere sorprender a sus oyentes que al que trata algún asunto importante y hace profesión de enseñar a los demás.

El discurso debe tener energía con tal de que sea moderado. Debe ser una corriente continua y no un torrente.

Bien harás en no escuchar a aquellos que cuidan más de hablar mucho que de hablar bien.

En el filósofo, su palabra debe ser tan reposada como su vida. Lo apresurado y precipitado siempre carece de orden.

Habla con lentitud.

Si las palabras bellas se presentan espontáneamente o no cuestan trabajo, empléalas para hacer comprender las materias agradables, pero no para gloriarte tú mismo.

Proverbio de los Griegos: «El lenguaje de los hombres fue siempre como su vida».

Tanto censuraría al que solamente quiere usar locuciones pomposas, poéticas y retumbantes, como al que se abstuviera de voces necesarias y comunes; lo primero por demasiado rebuscado, lo segundo por demasiado abandonado.

Las sentencias no solamente son viciosas cuando son rastreras, pueriles o demasiado audaces, sino también cuando son floridas, suaves o vanas, produciendo más ruido que provecho.

El lenguaje del hombre encolerizado es iracundo; el del voluptuoso es blando y lánguido.

Debemos de cuidar mucho del espíritu, puesto que de él depende la razón, la palabra, el aspecto y la apostura. Mientras se encuentre sano y vigoroso, el lenguaje será firme y seguro; pero si una vez se deja abatir, todo lo demás se derrumbará.

Atiende a lo que escribas y no a la manera de escribirlo. Atiende también más a comprenderlo que a expresarlo con elegancia, con objeto de que puedas apropiártelo y grabarlo en tu interior.

El alma elevada se expresa con menos delicadeza y más energía, siendo más firme y menos estudiado todo cuanto dice.

El discurso es el semblante del alma. Cuando el discurso es esmerado, pulido y delicado, demuestra que el alma no es sincera y tiene algo débil.

Pocos preceptos hacen mucho con tal de que los reciba una mente idónea que los haga suyos.

Bibliografía:

CAPPELLETTI, A. J. *Los estoicos antiguos: Zenón de Citio. Introducción, traducción y notas*. Editorial Gredos, 1996.

DOMÍNGUEZ MANZANO, David. *El estoicismo como moral en Vives, el Brocense y Quevedo*. INGENIUM. Revista de historia del pensamiento moderno, nº5, enero-junio, 2011, págs. 105-131.

IRVINE, William B. A Guide to the Good Life: The Ancient Art of Stoic Joy. Oxford University Press, 2008.

PLATÓN, *Fedón o del alma*.

SALLES, Ricardo. *Los estoicos y el problema de la libertad*. UNAM, Instituto de Investigaciones Filosóficas, 2006.

SÉNECA, Lucio Anneo. *Epístolas morales. Traducción directa del latín por D. Francisco Navarro y Calvo*. Editor Luis Navarro, 1884.

TRIANA ORTIZ, Manuel. *La ética kantiana, el epicureismo y el estoicismo*. Revista Estudios, Universidad de Costa Rica, números 14 y 15, págs. 135-140. 1997-1998.

ZAMBRANO, María. *Séneca*. Ediciones Siruela, 3ª edición, octubre de 2005.

ÍNDICE

Enseñanzas extraídas de las *Cartas a Lucilio*

COLECCIÓN TÁNTALO

<u>LIBROS PUBLICADOS</u>

Nº 1: MIGUEL HERNÁNDEZ GILABERT - Opúsculo poético
Antonio Rodríguez Lorca
Nº 2: SUSURROS AL OÍDO DE MI NOCHE - Relatos cortos
José Manuel Serrano Cueto
Nº 3: POEMAS DE AMOR Y LUNA - Poesía
Antonio Rodríguez Morales
Juan Carlos Pedrosa Frende
Nº 4: PLAZAS DE TOROS DE LA PROVINCIA DE CÁDIZ - Ensayo
Francisco Javier Orgambides Gómez
Nº 5: DOS ANDALUCES EN POEMAS Y CANTES (2ª edición)
- Opúsculo poético
Antonio Rodríguez Lorca
Nº 6: LA EDAD TEMPRANA - Ensayo
José Manuel Gutiérrez Fernández
Nº 7: EL SENTIR DE LA VIDA - Poesía y prosa
Emilio Monjas Zorzo
Nº 8: VIVENCIAS DE UN PUEBLO - Relato
Emilio Monjas Zorzo
Nº 9: SORAYA - Poesía
José Manuel Serrano Cueto
Nº 10: TODO POR TI - Poesía
Juan M. Ponce Alegre
Nº 11: ALCANDORAS - Poesía
Antonio Rodríguez Lorca
Nº 12: CÓCTEL DE LUCES Y SOMBRAS - Poesía y prosa
Antonio Rodríguez Lorca
Nº 13: SALA DE ESPERA DEL EXPRESO AL PARNASO (2ª edición) - Poesía
Antonio Rodríguez Lorca
Nº 14: AMISTADES DE EROS - Poesía
Antonio Rodríguez Lorca
Nº 15: POÉTICA DEL BALONMANO (2ª edición) - Poesía
Antonio Rodríguez Lorca
Nº 16: EL TEMPLO DE LOS ESPEJOS - Novela corta
Antonio Rodríguez Lorca
Nº 17: ATARDECERES - Poesía
José María Álvarez Galván
Nº 18: INSISTENCIA SOBRE UN MISMO PUNTO - Novela
Isabel Berdugo Conesa
Nº 19: LOS BESOS DE SELENE Y EL MUNDO QUE NOS RODEA
- Poesía y prosa
Antonio Rodríguez Morales
Nº 20: LA FELICIDAD DEL ALZHEIMER - Novela histórica
Antonio Rodríguez Lorca
Nº 21: LO QUE SUCEDIÓ Y NUNCA VOLVERÁ - Poesía
Antonio Rodríguez Lorca
Nº 22: F. G. LORCA : SU VIDA, SU OBRA Y MI CRÍTICA
Poesía y prosa (en español e inglés)
Autor en español: Antonio Rodríguez Lorca
Traductor al inglés: José Manuel Cano Franco
Nº 23: PRISIONERO DE LA LUNA, EL SOL Y LAS ESTRELLAS FUGACES - Poesía
Antonio Rodríguez Lorca
Nº 24: CHANTAJE, AMOR Y SANGRE - Drama póstumo
Antonio Pérez Guadix

Nº 25: TAN LEJOS Y TAN CERCA. LA RELACIÓN ENTRE CÁDIZ Y EL RÍO DE LA PLATA -
Ensayo
Antonio Rodríguez Morales
Nº 26: EL TREN DEL EMIGRANTE Y OTROS RELATOS
- Relatos (Obra póstuma)
Antonio Pérez Guadix
Nº 27: EL TERROR MILENARIO - Novela
Isabel Berdugo Conesa
Nº 28: PRISIONERO DE LA LUNA, EL SOL Y LAS ESTRELLAS FUGACES (6 NARRACIONES
PARA MAYORES DE 15 AÑOS)
(2ª Edición) - Prosa
Antonio Rodríguez Lorca
Nº 29: LA DESTRUCCIÓN DE TÁJAR (PIEZA TEATRAL EN 14 MOMENTOS) - Teatro
Antonio Rodríguez Lorca
Nº 30: NARRACIÓN DE UNA VIDA ANDALUZA (AUTOBIOGRAFÍA)
Antonio Rodríguez Lorca
Nº 31 : EL SIGLO DE ORO ESPAÑOL - Ensayo
Isabel Berdugo Conesa
Nº 32: DROGA EN LA GUERRA FRÍA - Ensayo
Isabel Berdugo Conesa
Nº 33: PINK FLOYD: VIAJE A LA IMAGINACIÓN - Ensayo
Isabel Berdugo Conesa
Nº 34: RELATOS PARA MIS NIETOS - Relatos
Francisco Martínez Mera
Nº 35: RELATO DE UN DEPRIMIDO - Relato
Antonio Rodríguez Lorca
Nº 36: DESGARROS - Relato
Marpa
Nº 37: TUNDRA - Poesía
Salvador Moreno Díaz
Nº 38: SENUME DEL VIENTO - Poesía
Salvador Moreno Díaz
Nº 39: LAS HIPÉRBOLES ANDALUZAS Y BENIGNO - Novela
Antonio Rodríguez Lorca
Nº 40: HIMNO DE HUETOR TÁJAR
Antonio Rodríguez Lorca
Nº 41: UN BAÚL SIN ZAPATOS - Poesía
Salvador Moreno Díaz
Nº 42: LAS HIPÉRBOLES ANDALUZAS Y BENIGNO (2ª Edición) - Novela
Antonio Rodríguez Lorca
Nº 43: LA FELICIDAD DEL ALZHEIMER (Reedición) - Novela histórica
Antonio Rodríguez Lorca
Nº 44: MIS VERSOS SIN REMEDIO - Poesía
Francisco Martínez Mera
Nº 45: LABERINTOS DE AMOR - Poesía
Salvador Moreno Díaz
Nº 46: VERSIÓN JAPONESA - Poesía
Antonio Jesús Martínez Delgado
Juan Antonio Sevilla Blanco
Francisco Javier Martínez Delgado
Nº 47: UN VIEJO EN LAS ÚLTIMAS - Poesía
Antonio Rodríguez Lorca
Nº 48: LILIPUT Y LA BITÁCORA - Relato
Isabel Berdugo Conesa
Nº 49: LAS HIPÉRBOLES ANDALUZ Y BENIGNO (3ª Edición)
- Novela Histórica
Antonio Rodríguez Lorca
Nº 50: MIRA TÚ POR DONDE - Poesía
Francisco Javier Martínez Delgado
Nº 51: ACUÉRDATE DE HUÉTOR TÁJAR (2ª Edición) - Poesía
Antonio Rodríguez Lorca

Nº 52: HISTORIA DE HUÉTOR TÁJAR - Historia
Antonio Rodríguez Lorca
Nº 53: EL ZAGALILLO PESCADOR - Relatos
Álvaro Amores Gil
Nº 54: EL SIGLO DE ORO ESPAÑOL (2ª Edición) - Ensayo
Isabel Berdugo Conesa
Nº 55: DISTENSIÓN TRAS LA GUERRA FRÍA - Ensayo
Isabel Berdugo Conesa
Nº 56: GEOMETRÍA ANALÍTICA PARA LA DISTENSIÓN - Ensayo
Isabel Berdugo Conesa
Nº 57: EFECTOS BURBUJA - Ensayo
Isabel Berdugo Conesa
Nº 58: CÁDIZ, CENTINELA DEL MAR. HISTORIA DE LA CIUDAD EN VERSO Y OTROS
POEMAS - Poesía
Gabriel Rodríguez Morales
Nº 59: ENTRE FICCIONES - Relatos
Gabriel Rodríguez Morales
Nº 60: LA POESÍA DEL BALONMANO VISTA DESDE CÁDIZ - Poesía deportiva
Antonio Rodríguez Lorca
Nº 61: FARSA LLAMADA DANZA DE LA MUERTE DE JUAN DE PEDRAZA - Ensayo
Rosa Marcela Gallego Reyes
Nº 62: LOS CICLOS DEL TERRORISMO DESDE LA MEMORIA HISTÓRICA - Ensayo
Isabel Berdugo Conesa
Nº 63: SIGNIFICADO E HISTORIA DE LAS CALLES Y PLAZAS DEL CENTRO HISTÓRICO
DE CÁDIZ (1ª edición) - Ensayo
Gabriel Rodríguez Morales
Nº 64: SIGNIFICADO E HISTORIA DE LAS CALLES Y PLAZAS DEL CENTRO HISTÓRICO
DE CÁDIZ (2ª a 5ª edición) - Ensayo
Gabriel Rodríguez Morales
Nº 65: VELADAS POÉTICAS NAVIDEÑAS - Poesía
Isabel Berdugo Conesa
Nº 66: OTRA VEZ EL ABUELO - Relatos
Francisco Martínez Mera
Nº 67: TÚ PONES EL AGUA Y YO EL TÉ - Poesía
Francisco Martínez Delgado
Nº 68: ANTOLOGÍA POÉTICA - Poesía
Antonio Rodríguez Lorca
Prólogo, selección y notas: Gabriel Rodríguez Morales
Nº 69: REFLEXIONES ENTRE EL VÉRTIGO Y LA DESAZÓN
- Prosa Poética
Rafael Arauz González
Nº 70: 2012: ANTOLOGÍA POÉTICA - Poesía
Llorenç Vidal
Nº 71: VERSOS ADOLESCENTES - Poesía
Beatriz Pérez González
Nº 72: ALAS DEL SUD - Prosa
Sergio Briones Martín
Nº 73: PALABRAS A TIEMPO. RECOPILANDO HEBRAS DE SUEÑO
 - Poesía, prosa, relato
VV.AA.
Nº 74: TREINTA POEMAS DE AMOR INSOBORNABLES Y UN FINAL
- Poesía
Julio Rivera Cross
Nº 75: HISTORIA DE CÁDIZ EN PROSA Y VERSO - Ensayo y poesía
Gabriel Rodríguez Morales
Nº 76: SENDEROS ETÉREOS - Poesía
Aziz Amahjour
Nº 77: DEPERTARES - Poesía
Isabel Canales
Nº 78: ORÉGANO Y BRONCE - Poesía
Gervasio M. Hernández Palomeque

www.ingramcontent.com/pod-product-compliance
Lightning Source LLC
LaVergne TN
LVHW020344200726
843507LV00012B/2486